100 Alimentos para Permanecer Jovem

100 Alimentos para Permanecer Jovem

Ingredientes e receitas que combatem o envelhecimento interno e externo

Charlotte Watts

DCL
DIFUSÃO CULTURAL DO LIVRO

Publicado originalmente por Parragon Books Ltd.

Criação e produção: Ivy Contract
Novas fotografias: Clive Streeter
Receitas adicionais: Judith Wills
Tradução: Vivi Mortara
Produção editorial: Casa de Ideias
Editora: Áine Menassi
Assistente editorial: Jeferson Máximo
Gerente de arte: Clayton B. Torres

Impresso na China

Dados Internacionais de Catalogação na Publicação (CIP)
(Câmara Brasileira do Livro, SP, Brasil)

Watts, Charlotte
100 alimentos para permanecer jovem / [Equipe Love Food : tradução de Vivi Mortara] .
-- São Paulo : DCL, 2011.
Título original: 100 best food to stay young.
ISBN 978-85-368-1132-1

1. Alimentos naturais 2. Culinária 3. Nutrição 4. Receitas I. Título.

11-07414 CDD-641.302

Índice para catálogo sistemático:
1. Alimentos saudáveis : Receitas nutritivas : Culinária 641.302

Notas ao leitor

Medidas em xícara seguem padrão americano, e são sempre xícara de chá. Este livro utiliza o sistema métrico. As colheres são sempre rasas: calcule 5 ml para colheres de chá e 15 ml para colheres de sopa. Caso nada em contrário seja mencionado, leite será considerado integral, ovos e legumes, por exemplo, batata, serão médios e pimenta será pimenta-do-reino moída na hora.

As informações nutricionais são baseadas em quantidades de 100g ou no número de itens mencionados; algumas dessas quantidades podem ser convertidas em xícaras. Não são conversões exatas, mas podem dar, ao leitor, uma ideia do tamanho da porção.

Os tempos mencionados são aproximados e servem apenas como guia. O tempo de preparo difere de acordo com as técnicas utilizadas e o tempo de cozimento pode variar de acordo com o tipo de forno ou fogão utilizado. Ingredientes opcionais, variações e sugestões de como servir não foram incluídos no cálculo.

Crianças, idosos, grávidas, portadores de doenças crônicas ou convalescentes devem evitar receitas que contenham ovos crus ou levemente cozidos como ingredientes. Grávidas ou lactantes devem evitar amendoins ou derivados. Portadores de alergia a nozes ou qualquer outra fruta seca devem ser avisados que produtos industrializados utilizados em algumas receitas deste livro podem conter frutas secas e devem checar as informações do fabricante contidas na embalagem.

Vegetarianos devem ser avisados que ingredientes utilizados em algumas receitas deste livro podem conter produtos de origem animal, devendo checar as informações do fabricante contidas na embalagem antes de usar.

1
2
3
4
5
6

CONTEÚDO

Introdução 6

1 Frutas 9

2 Legumes 41

3 Carnes, Peixes, Laticínios e Ovos 95

4 Grãos e Feijões 125

5 Ervas e Especiarias 157

6 Castanhas,* Sementes e Óleos 195

Glossário 220

Índice 222

* Castanhas é uma denominação que se refere a nozes, castanhas e amêndoas, frutos secos que, em inglês, apresentam a terminação "nut". Inclui-se, aqui, o coco, "coconut", em inglês. A terminologia nozes, também usada para se referir a esses frutos secos, foi preterida neste livro para evitar confusão com o fruto seco NOZ, descrito na página 200.

INTRODUÇÃO

Uma boa nutrição é a base para um organismo jovem e saudável, que funciona com capacidade total. Consumir os alimentos apropriados é o segredo da juventude, tanto a interior quanto a exterior. Os resultados podem ser notados na aparência física, na disposição e na qualidade de vida.

Como podemos nos manter jovens, de corpo e mente?

Permanecer jovem significa ajudar a reparar e renovar o corpo constantemente, não apenas recuperando-se das tensões diárias, mas fornecendo os "tijolos" e nutrientes necessários para a formação de novas células. A reposição de cada parte do corpo é contínua, porém, fatores como tensão, atividade física, raios solares, comida pronta, computadores, TVs e poluição podem impedir que isso aconteça, pois consomem nutrientes em excesso e danificam células e tecidos.

Ao consumir alimentos que ajudam a permanecer jovem, pode-se retomar a energia, o peso, o movimento, a força, a agilidade mental e a aparência da juventude. O envelhecimento é natural, mas podemos evitar que isso aconteça prematuramente consumindo alimentos mais saudáveis. Alimentos naturais, não industrializados, são os que contêm mais nutrientes e menor potencial nocivo. Evoluímos para consumir estes alimentos, que operam em conjunto com nosso corpo para atingir a saúde ideal.

Foco holístico

Neste livro, identificamos os diferentes aspectos da saúde, necessários para preservar a vitalidade e juventude. Todas as receitas se enquadram, até certo ponto, nestas duas categorias, mas foram classificadas para indicar seu potencial específico.

(P) **Pele, cabelo e unhas** — a aparência externa reflete a saúde corporal interior. Saúde fragilizada pode ser identificada pela pele manchada e com pouco brilho, rugas e marcas de envelhecimento. Uma aparência bonita é um bom incentivo para manter a motivação de alimentar-se bem.

(F) **Força e mobilidade** — boa postura, reflexos rápidos e movimentos indolores evitam que você se sinta velho e incapaz de aproveitar atividades que mantêm o espírito jovem.

(D) **Saúde digestiva e desintoxicação** — estes sistemas operam acoplados, usando os elementos naturais necessários para manter a juventude e eliminar as toxinas e bactérias nocivas que nos fazem nos sentir lentos e inchados. A presença de bactérias probióticas benéficas no sistema digestivo é essencial para permanecer jovem.

(M) **Saúde mental** — nosso cérebro precisa de combustível e nutrientes para garantir o bom humor, a capacidade de concentração e de memória. Uma boa saúde mental motiva-nos a cuidar de nós. O quanto nos sentimos jovens depende de como nos percebemos.

(C) **Saúde do coração** — nosso coração bombeia o sangue e mantém a circulação, levando oxigênio e nutrientes para todas as células do organismo, com o propósito de renovar e rejuvenescer.

(A) **Antioxidante facilitador da imunidade** — antioxidantes que eliminam as moléculas instáveis e danosas, devido a fatores como poluição e estresse. Tem função importante na capacitação do sistema imunológico em proteger contra elementos invasores e contra a hipersensibilidade, causadora de alergias. Além disso, ajudam a reduzir inflamações, principal causa de muitas doenças e do envelhecimento prematuro.

A importância de uma dieta variada e de um estilo de vida saudável

Os alimentos que desafiam o envelhecimento apresentados neste livro trabalham em conjunto. Adote uma dieta variada e colorida, para ter certeza que está se beneficiando de uma ampla variedade de nutrientes. Uma boa alimentação é fundamental para permanecer jovem, mas outros fatores são igualmente importantes. Praticar atividade física, relaxar, sorrir, socializar, tomar sol e respirar bem, sem poluição, são fatores que, combinados, ajudam a deixá-lo feliz e jovem por mais tempo.

1

FRUTAS

As frutas contêm uma riqueza de fibras e nutrientes rejuvenescedores. Somos atraídos pela sua doçura porque nosso organismo necessita da vitamina C, abundante em muitas frutas. Duas ou três porções de frutas por dia são suficientes para que possamos receber os benefícios dessas doces delícias saudáveis da natureza.

(P) Pele, cabelo e unhas
(F) Força e mobilidade
(D) Saúde digestiva e desintoxicação
(M) Saúde mental
(C) Saúde do coração
(A) Antioxidante facilitador da imunidade

01 ABACATE

É um verdadeiro superalimento. Sua polpa cremosa é repleta de nutrientes que mantêm a pele com aspecto jovem e o coração forte.

Por apresentar alto teor de gordura, o abacate recebe muitas críticas. A gordura, no entanto, se apresenta sob formas variadas e algumas são benéficas à saúde. É uma fruta rica em gorduras monoinsaturadas saudáveis e em nutrientes solúveis em gordura, como as vitaminas A e E, essenciais para manter a saúde das porções gordurosas do nosso organismo, como a pele, os olhos, o coração, o cérebro e o fígado. Além disso, embora seja uma fruta, tem bom teor de proteína que, combinado à vitamina C, às vitaminas do complexo B e ao cobre, ajuda a produzir colágeno – essencial para o rejuvenescimento da pele, dos ossos e dos músculos e ajuda a reduzir as rugas.

- Contém gorduras benéficas, vitaminas, minerais e substâncias químicas vegetais que ajudam a manter o coração saudável.
- Alto teor de luteína, nutriente carotenoide que protege os olhos da degeneração macular e a pele contra rugas e alterações pigmentares causadas pela exposição excessiva aos raios solares.
- Faz parte da dieta Mediterrânea, famosa por suas propriedades de preservação da vida. A gordura monoinsaturada saudável do abacate pode também ser encontrada em azeitonas, frutas secas e sementes.

Dicas práticas:
Pela sua textura, o abacate pode perfeitamente substituir a banana, mais açucarada, em frapês e vitaminas. Quando misturado a outras frutas, seu teor de gordura vai retardar a liberação dos açúcares das frutas, adicionando mais substância às bebidas.

VOCÊ SABIA QUE...

A denominação abacate vem de *ahuacatl*, palavra asteca para testículo? Devido ao formato e ao teor de vitamina E, ficou conhecido como fruto da fertilidade (vitamina E, em latim, é *tocopherol*, que significa fertilidade).

PRINCIPAIS NUTRIENTES ENCONTRADOS EM UM ABACATE DE TAMANHO MÉDIO

Calorias	320
Gordura total	29,47 g
Gordura monoinsaturada	19,7 g
Proteína	4,02 g
Carboidrato	17,15 g
Fibra	13,5 g
Vitamina A	393 UI
Vitamina B_6	2,7 mg
Vitamina C	12 g
Vitamina E	4,16 mg
Cobre	0,52 mg
Magnésio	58 mg
Folato	163 mcg
Luteína/zeaxantina	545 mcg

Salada de rúcula, abacate e salmão defumado

SERVE 6 (P) (M) (C) (A)

200 g de aspargos frescos
1 abacate grande maduro
1 colher de sopa de suco de limão
1 bom punhado de folhas de rúcula
225 g de fatias de salmão defumado
1 cebola roxa, cortada em fatias finas
1 colher de sopa de salsinha picada
1 colher de sopa de cebolinha verde picada

Molho

1 dente de alho, picado
4 colheres de sopa de azeite de oliva extravirgem
2 colheres de sopa de vinagre de vinho branco
1 colher de sopa de suco de limão
1 colher de chá de mostarda

Preparo

1 Cozinhe os aspargos em água fervente, com um pouco de sal, por 4 minutos. Escorra e coloque sob água corrente fria. Escorra novamente e reserve, até esfriar.

2 Prepare o molho: misture todos os ingredientes em uma tigela pequena, mexendo bem. Corte o abacate ao meio no sentido do comprimento, retire o caroço e a casca. Corte a polpa em pedaços pequenos e esfregue o suco de limão para evitar que escureça.

3 Monte a salada: distribua as folhas de rúcula em pratos ou tigelas individuais e cubra com os aspargos e pedaços de abacate. Corte o salmão defumado em tiras finas e espalhe sobre a salada. Decore com a cebola e as ervas. Regue com o molho e sirva.

02 BANANA

A banana é ótimo complemento alimentar para esportistas, pois fornece combustível de qualidade rapidamente. É ideal para repor células flácidas e revigorar o corpo.

É certo que as bananas têm alto teor de açúcar; no entanto, suas propriedades antienvelhecimento benéficas à saúde não devem ser menosprezadas. Uma banana madura contém alto teor de fibras, incluindo o prebiótico inulina, que alimenta a bactéria benéfica (probiótico) do trato digestivo, a primeira linha de defesa do sistema imunológico. Manter a bactéria saudável do trato digestivo ajuda a prevenir inflamações como eczema, asma e artrite. Além disso, fortalece a digestão e absorção dos nutrientes necessários para preservar a saúde e manter a aparência e o espírito jovens.

- Potássio e vitamina C ajudam a transportar o oxigênio para o organismo, renovando e revitalizando a pele.
- Contêm altos teores de potássio, vitamina C e vitamina B6, importantes para manter o coração saudável. Os atletas recorrem a essa combinação substanciosa para melhorar a performance, recuperação e resposta musculares.
- Resultados de estudos indicam que ajuda no funcionamento do rim e diminui a retenção de líquidos, reduzindo o inchaço e contribuindo para uma aparência mais jovem.

Dicas práticas:
Evite consumi-las quando muito maduras, quando o açúcar está totalmente decomposto e a fruta fica excessivamente doce. Não são indicadas para pessoas com congestão nasal e catarro, pois podem provocar o agravamento dessas condições.

VOCÊ SABIA QUE...

A denominação banana vem do árabe *banan* ou "dedo"? Ela cresce em cachos de até 20, chamados "pencas".

PRINCIPAIS NUTRIENTES ENCONTRADOS EM UMA BANANA DE TAMANHO MÉDIO

Calorias	105
Gordura total	0,39 g
Proteína	1,29 g
Carboidrato	26,95 g
Fibra	3,1 g
Vitamina B_6	0,43 mg
Vitamina C	10,3 mg
Potássio	422 mg

Vitamina de morango e banana

SERVE 2 (P) (D) (A)

1 banana madura, cortada em fatias
¾ de xícara de morangos limpos
⅔ de xícara de iogurte natural

Preparo

1 Bata a banana, os morangos e o iogurte em um processador ou liquidificador por alguns segundos até ficar homogêneo. Divida em copos e sirva imediatamente.

03 FRAMBOESAS

Repletas de vitamina C e proantocianidinas, as framboesas têm taxas elevadas de antioxidantes.

Contêm elevado teor de proantocianidinas, antioxidante vermelho e roxo, o mais abundante no reino vegetal que ajuda na circulação e, quando associado à vitamina C, auxilia a função cardíaca e a memória, além de contribuir para a saúde e vitalidade das veias, pele e cabelo. Estudos sugerem que as framboesas têm efeito positivo sobre o humor e a concentração. Contêm alto teor de ácido elágico, antioxidante que ajuda na desintoxicação do fígado, e boas quantidades de fibra, que também ajuda o organismo a eliminar as toxinas que provocam envelhecimento.

- O ácido elágico movimenta a bile através do fígado, ajuda a controlar o colesterol e a evitar o envelhecimento do coração.
- Baixo teor de amido e alto teor de fibras, ajudam a manter os níveis de energia e evitam a compulsão por alimentos específicos.
- Capacidade antioxidante elevada obtida de substâncias como a quercetina, catequina, ácido gálico e ácido salicílico que previne o envelhecimento prematuro.

Dicas práticas:

Podem ir diretamente do congelador para o liquidificador e ser transformadas em vitaminas deliciosas. Assim como a maioria das frutas vermelhas, técnicas modernas de cultivo não chegaram a provocar grandes alterações nas sementes, e, portanto, a framboesa apresenta um teor de açúcar naturalmente baixo (comprovado pelo sabor ácido). Compre as de coloração mais escura, para aproveitar melhor os benefícios de seus nutrientes.

VOCÊ SABIA QUE...

A maior parte da framboesa é constituída de fibras que ajudam a remover as toxinas do organismo? As fibras são tão importantes quanto os antioxidantes na busca da eterna juventude.

PRINCIPAIS NUTRIENTES ENCONTRADOS EM ¾ DE XÍCARA DE FRAMBOESAS

Calorias	52
Gordura total	0,65 g
Proteína	1,2 g
Carboidrato	11,94 g
Fibra	6,5 g
Vitamina C	26,2 mg
Potássio	151 mg
Luteína/zeaxantina	136 mcg

Salada de framboesa e queijo feta com cuscuz

SERVE 6 (P)(D)(C)(A)

2 xícaras de cuscuz ou de cuscuz de cevada
2 ½ xícaras de caldo de galinha ou de legumes com pouco sal
3 xícaras de framboesas
1 maço pequeno de manjericão
1 ½ xícara de queijo feta, escorrido, cortado em cubos ou esfarelado
2 abobrinhas italianas, cortadas em fatias finas
4 cebolinhas verdes, inclusive a parte branca, cortadas em fatias finas, na diagonal
½ xícara de pinolis, ligeiramente torrados
Raspas de 1 limão

Molho

1 colher de sopa de vinagre de vinho branco
1 colher de sopa de vinagre balsâmico
4 colheres de sopa de azeite de oliva extravirgem
Suco de 1 limão
Sal e pimenta

Preparo

1 Coloque o cuscuz em uma tigela grande refratária e misture o caldo. Mexa bem, cubra e deixe de molho até que todo o caldo seja absorvido.
2 Escolha bem as framboesas, descartando as muito maduras.
3 Pique grosseiramente as folhas de manjericão.
4 Transfira o cuscuz para uma travessa e mexa bem para eliminar todos os grumos. Acrescente o queijo, a abobrinha, as cebolinhas, as framboesas e os pinolis.
5 Adicione o manjericão e as raspas de limão e misture bem.
6 Coloque todos os ingredientes do molho em um vidro com tampa de rosca. Tempere com sal e pimenta a gosto, feche bem e agite até ficar homogêneo. Regue a salada com o molho e sirva.

04 PÊSSEGO

Fruta de polpa macia, é substituto natural do açúcar refinado e contém nutrientes responsáveis por manter a pele saudável.

Assim como a maioria das frutas e legumes de coloração laranja, o pêssego contém elevado teor de carotenoides, antioxidantes que protegem as regiões gordurosas do organismo – fígado, pele, coração e outros órgãos, como o cérebro, que é formado por 60% de gordura. Essas regiões gordurosas deterioram-se facilmente; contamos com os carotenoides e a vitamina A, antioxidantes solúveis em gordura para retardar a degeneração e o envelhecimento. Além disso, o pêssego apresenta teor elevado de vitamina C, que protege as regiões aquosas do corpo, dentro e entre as células e na corrente sanguínea. Estudos demonstraram que, por conter alto teor do elemento metaloide boro, o pêssego pode estimular o crescimento de ossos e reduzir o risco de câncer de próstata.

- Rico em potássio, vitamina C e ferro, importantes para a circulação e responsáveis por levar o oxigênio para todo o organismo, além de renovar e revitalizar a pele.
- Tem efeito laxativo suave, ajudando a manter a regularidade do funcionamento do intestino e assegurando a eliminação das toxinas responsáveis pelo envelhecimento.
- Contém magnésio e fósforo, minerais usados pelo sistema nervoso para melhorar a função cerebral e muscular.

Dicas práticas:
Escolha os pêssegos ainda firmes, começando a amolecer, de cor amarelo-claro e algumas partes avermelhadas, com casca aveludada. Lave apenas pouco antes de consumir.

VOCÊ SABIA QUE...

As propriedades medicinais do pêssego são conhecidas há muito tempo? É recomendado para doentes em recuperação de fadiga e depressão.

PRINCIPAIS NUTRIENTES ENCONTRADOS EM UM PÊSSEGO DE TAMANHO MÉDIO

Calorias	58
Gordura total	0,38 g
Proteína	1,36 g
Carboidrato	14,31 g
Fibra	2,2 g
Vitamina C	9,9 mg
Vitamina A	489 UI
Potássio	285 mg
Fósforo	30 mg
Betacaroteno	243 mcg
Ferro	0,38 mg
Magnésio	13,7 mg
Luteína/zeaxantina	136 mcg

Pêssegos recheados com frutas

SERVE 4 (P) (F) (D) (C) (A)

4 pêssegos maduros e firmes
1 xícara de blueberries
1 xícara de framboesas
⅔ de xícara de suco de laranja
1-2 colheres de chá de mel
1 colher de sopa de conhaque (opcional)
¾ de xícara de coalhada fresca ou iogurte natural
1 colher de sopa de raspas de laranja

Preparo

1 Preaqueça o forno a 180ºC. Corte os pêssegos ao meio, retire os caroços e coloque em uma travessa refratária.

2 Em uma tigela à parte, misture os blueberries e as framboesas. Recheie os pêssegos e espalhe as frutas que sobrarem ao redor.

3 Em uma tigela pequena, misture o suco de laranja, o mel e o conhaque (se estiver usando). Despeje sobre os pêssegos. Misture o iogurte ou coalhada com as raspas de laranja e leve à geladeira.

4 Asse os pêssegos por 10 minutos ou até que as frutas fiquem bem aquecidas. Sirva acompanhado do iogurte com laranja.

05 MORANGO

Por conter mais fibras do que o pão integral, o morango é altamente eficaz na remoção de toxinas responsáveis pelo envelhecimento do organismo.

Assim como a cenoura, a ervilha e o repolho, os morangos também contém lignanas, que se unem aos ácidos biliares no fígado e ajudam a controlar o colesterol e a evitar o surgimento de pedras na vesícula; podem, ainda, ajudar na prevenção do câncer de cólon. O morango é um fitoestrogênio: alimentos que estabilizam os hormônios femininos, ligando o excesso de estrogênio à proteína do sangue. Ao fazer isso, reduz a quantidade de estrogênio no tecido sensível e o deposita onde necessário. Além disso, o morango ajuda a evitar que a pele fique seca e perca elasticidade.

- Alto teor de ácido elágico, com ação antioxidante, que favorece a remoção de toxinas, benefício em dobro para uma pele saudável.
- As sementes que revestem o morango contêm fibras purgativas e nutrientes curativos, como o zinco e as vitaminas do complexo B.
- Fonte excelente de vitamina C e potássio, que reforçam a saúde do coração e a conservação da densidade óssea.

Dicas práticas:

Para evitar a perda de vitamina C, escolha morangos com o caule e a folha na parte superior e remova-os momentos antes de consumir. Evite morangos que apresentem pontos de mofo, pois podem estragar rapidamente. Morangos congelados podem ser usados para adoçar iogurtes substituindo o açúcar, pois soltam um pouco de suco adocicado quando descongelados.

VOCÊ SABIA QUE...

Na primavera do hemisfério norte, a primeira fruta a amadurecer é o morango? É amplamente comercializado, sendo, portanto, fácil de incluir como sobremesa em dietas saudáveis.

PRINCIPAIS NUTRIENTES ENCONTRADOS EM ⅔ DE XÍCARA DE MORANGOS FATIADOS

Calorias	32
Gordura total	0,3 g
Proteína	0,67 g
Carboidrato	7,68 g
Fibra	2 g
Vitamina C	58,8 mg
Vitamina B_3	0,39 mg
Vitamina B_6	0,47 mg
Vitamina K	15 mcg
Potássio	153 mg
Folato	24 mcg
Zinco	0,14 mg
Luteína/zeaxantina	26 mcg

Salada de morango com melão

SERVE 4 (P) (D) (A)

½ alface americana, cortada em tiras grossas ou rasgada
1 melão do tipo honeydew, pequeno
1⅓ xícara de morangos fatiados
1 pedaço de pepino, medindo 5 cm, cortado em fatias finas
Raminhos de hortelã para decorar

Molho

¾ de xícara de iogurte natural
1 pedaço de pepino, medindo 5 cm, sem a casca
Algumas folhas de hortelã fresca
½ colher de chá de raspas de limão
3-4 cubos de gelo

Preparo

1 Divida a alface entre quatro pratos ou tigelas individuais.
2 Corte o melão em quatro, no sentido do comprimento. Tire as sementes com uma colher. Corte a polpa até a casca, em intervalos de 2,5 cm. Corte o melão rente à casca e desgrude os pedaços de polpa.
3 Disponha os pedaços de melão sobre a alface, e distribua as fatias de morango e pepino por cima.
4 Prepare o molho: coloque o iogurte, o pepino, as folhas de hortelã, as raspas de limão e os cubos de gelo em um processador ou liquidificador. Bata por cerca de 15 segundos, até ficar homogêneo. Se preferir, pique as folhas de hortelã e o pepino bem miúdo, amasse bem os cubos de gelo e misture com os demais ingredientes.
5 Regue a salada com um pouco de molho, decore com os raminhos de hortelã e sirva.

06 MARACUJÁ

Bastante versátil, o maracujá está repleto de antioxidantes poderosos, como as vitaminas A e C, curativas, que retardam o aparecimento de sinais de envelhecimento.

Com teor elevado de antioxidantes laranja, a vitamina A e o betacaroteno do maracujá ajudam a manter a pele jovem e saudável. Além de apreciar o sabor da fruta, você também vai se proteger contra os danos causados pelos raios solares, como alterações pigmentares e rugas. O sol é benéfico para nossa saúde, ajudando a melhorar o humor, a restaurar o sono e a manter a saúde dos ossos, porém, os raios UV são prejudiciais à nossa pele. Muitas frutas, principalmente as tropicais como o maracujá, que recebem grandes quantidades de luz solar, contêm vitamina A e antioxidantes carotenoides para assegurar a proteção contra os raios UV durante o período de amadurecimento. Ao consumir essas frutas, tiramos proveito das mesmas propriedades que asseguram a proteção contra a luz solar, além de ingerirmos as necessidades diárias de vitamina C.

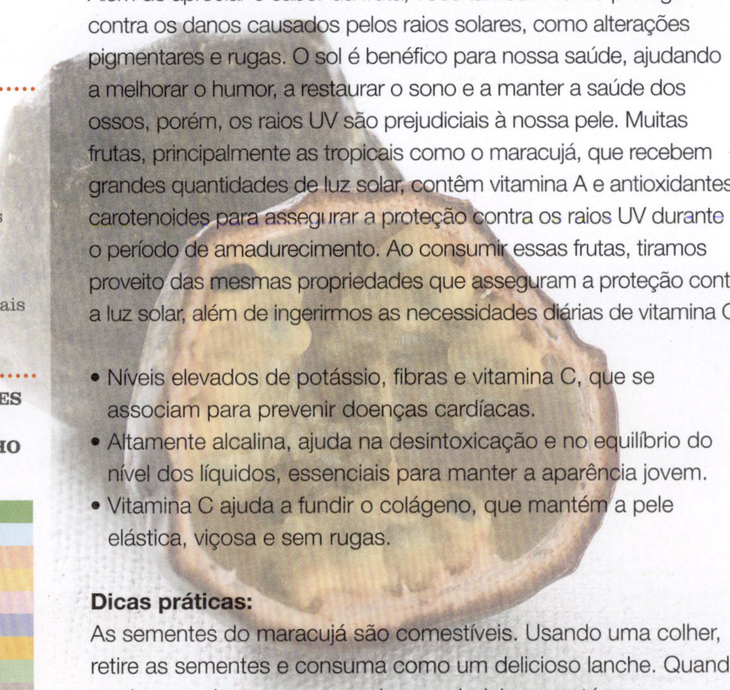

- Níveis elevados de potássio, fibras e vitamina C, que se associam para prevenir doenças cardíacas.
- Altamente alcalina, ajuda na desintoxicação e no equilíbrio do nível dos líquidos, essenciais para manter a aparência jovem.
- Vitamina C ajuda a fundir o colágeno, que mantém a pele elástica, viçosa e sem rugas.

Dicas práticas:
As sementes do maracujá são comestíveis. Usando uma colher, retire as sementes e consuma como um delicioso lanche. Quando maduro, pode ser armazenado na geladeira por até uma semana.

VOCÊ SABIA QUE...

O maracujá-amarelo é rico em nutrientes, tem mais carotenoides antioxidantes e é usado na fabricação de suco? Já o maracujá-roxo tem mais vitamina C e é mais comercializado *in natura*.

PRINCIPAIS NUTRIENTES ENCONTRADOS EM UM MARACUJÁ DE TAMANHO MÉDIO

Calorias	17
Gordura total	0,13 g
Proteína	0,40 g
Carboidrato	4,21 g
Fibra	1,9 g
Vitamina A	229 UI
Vitamina C	5,4 mg
Betacaroteno	134 mcg
Potássio	63 mg

Frapê de maracujá

SERVE 2

(P) (C) (A)

2 pêssegos
1 xícara de uvas vermelhas
¾ de xícara de morangos
1 maracujá
Sementes de ½ fava de baunilha

Preparo

1 Corte os pêssegos ao meio, tire os caroços e bata no liquidificador ou processador, com as uvas e os morangos.
2 Corte o maracujá ao meio e retire a polpa com uma colher. Raspe as sementes da fava de baunilha. Misture a polpa do maracujá e as sementes de baunilha ao suco de frutas.
3 Divida entre os copos e sirva.

07 MAMÃO PAPAIA

Esse mamão contém papaína, enzima que digere proteínas e combate distúrbios digestivos e inflamações, ajudando a reduzir os fatores responsáveis pelo envelhecimento.

Possui propriedades antienvelhecimento e rejuvenescedoras e ajuda o organismo a processar níveis elevados de nutrientes, auxiliando a digestão e a absorção, ambas essenciais para manter a juventude.

- Contém licopeno, carotenoide que ajuda a prevenir a proliferação de células cancerígenas.
- Suas sementes têm ação antibacteriana, afastando bactérias nocivas, causadoras do envelhecimento.
- Alto teor de cálcio e potássio, que juntos ajudam a regular a pressão sanguínea e o nível de equilíbrio dos líquidos, reduzindo o inchaço e contribuindo para uma aparência jovem.
- Contém arginina, aminoácido que favorece a função cardíaca, ajudando a manter o coração forte.

Dicas práticas:
Papaia em pó ou em pasta, ou suplementos em forma de cápsulas, podem ser usados como auxiliar na digestão. Existem evidências de que seu consumo *in natura* ao término de um tratamento com antibióticos ajuda a restaurar a bactéria benéfica natural do sistema digestivo. É frequentemente misturado ao abacaxi, pois a bromelaína, enzima digestiva do abacaxi, potencializa as propriedades do mamão papaia.

VOCÊ SABIA QUE...

Na Ásia, o mamão papaia geralmente é chamado de "pawpaw"? Não confunda com pawpaw dos EUA, uma fruta de tamanho bem maior.

PRINCIPAIS NUTRIENTES ENCONTRADOS EM UM MAMÃO PAPAIA DE TAMANHO MÉDIO

Calorias	120
Gordura total	0,4 g
Proteína	1,5 g
Carboidrato	30 g
Fibra	5,5 g
Cálcio	73 mg
Potássio	780 mg
Betacaroteno	839 mcg
Luteína/zeaxantina	228 mcg

Salada de papaia

SERVE 6 (D) (A)

1 alface mais crocante, como a americana ou romana
¼ de repolho pequeno
2 papaias
2 tomates
¼ de xícara de amendoins grosseiramente picados
4 cebolinhas verdes, inclusive a parte branca, cortadas em fatias bem finas
Folhas de manjericão para decorar

Molho

4 colheres de sopa de azeite de oliva extravirgem
1 colher de sopa de molho de peixe tailandês ou de molho de soja light
2 colheres de sopa de suco de limão
1 colher de chá de açúcar mascavo
1 colher de chá de pimenta-verde ou vermelha picada

Preparo

1 Faça o molho: com um batedor manual ou garfo, bata o azeite, o molho de peixe, o suco de limão, o açúcar e a pimenta. Reserve, e mexa de vez em quando para dissolver bem o açúcar.
2 Corte a alface e o repolho em tiras, misture e disponha sobre uma travessa grande.
3 Corte os papaias ao meio e retire as sementes com uma colher. Descasque e corte em fatias finas. Arrume sobre a alface e o repolho.
4 Coloque os tomates de molho em água fervente por 1 minuto. Retire da água e remova a pele e as sementes. Pique a polpa. Espalhe sobre a salada.
5 Decore com os amendoins e as cebolinhas. Bata o molho mais uma vez e despeje sobre a salada. Enfeite com as folhas de manjericão e sirva imediatamente.

08 AZEITONA

A azeitona oferece os mesmos benefícios do azeite de oliva, porém contém mais fitoesteróis, luteína e vitaminas A e E, o que aumenta suas propriedades antienvelhecimento.

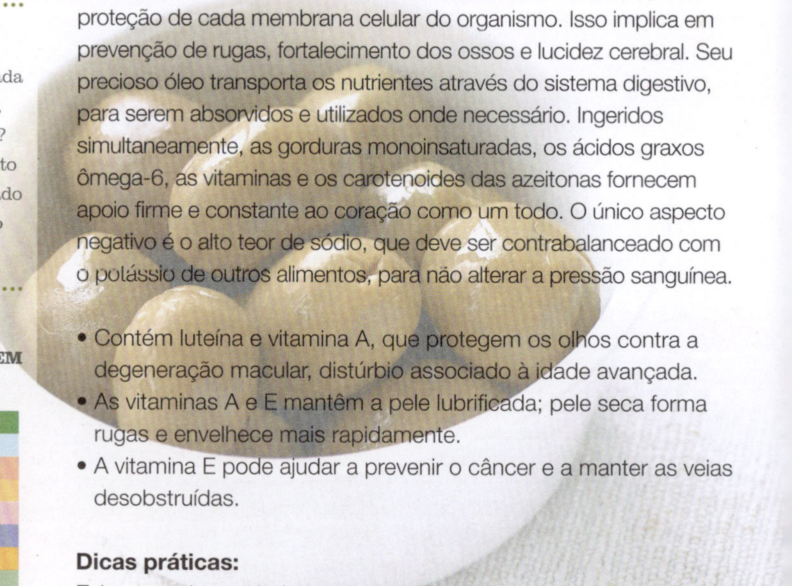

Naturalmente gordurosas, as azeitonas são excelentes veículos para os nutrientes solúveis em gordura, tão importantes na formação e proteção de cada membrana celular do organismo. Isso implica em prevenção de rugas, fortalecimento dos ossos e lucidez cerebral. Seu precioso óleo transporta os nutrientes através do sistema digestivo, para serem absorvidos e utilizados onde necessário. Ingeridos simultaneamente, as gorduras monoinsaturadas, os ácidos graxos ômega-6, as vitaminas e os carotenoides das azeitonas fornecem apoio firme e constante ao coração como um todo. O único aspecto negativo é o alto teor de sódio, que deve ser contrabalanceado com o potássio de outros alimentos, para não alterar a pressão sanguínea.

- Contém luteína e vitamina A, que protegem os olhos contra a degeneração macular, distúrbio associado à idade avançada.
- As vitaminas A e E mantêm a pele lubrificada; pele seca forma rugas e envelhece mais rapidamente.
- A vitamina E pode ajudar a prevenir o câncer e a manter as veias desobstruídas.

Dicas práticas:
Existem muitas variedades de azeitonas, não apenas as pretas e verdes. Experimente os diferentes tamanhos, sabores e preparos, não só para identificar sua preferência pessoal, mas também para descobrir qual combina melhor com determinados alimentos e bebidas. Azeitonas com caroço conservam melhor o sabor.

VOCÊ SABIA QUE...

Em latim, a oliveira é chamada *oleo europaea*, que significa, literalmetne, "óleo europeu"? Por ser muito amargo, o fruto da oliveira deve ser processado de alguma maneira – curado ou fermentado.

PRINCIPAIS NUTRIENTES ENCONTRADOS EM UMA XÍCARA DE AZEITONAS SEM CAROÇO

Calorias	145
Gordura total	15,32 g
Gordura monoinsaturada	11,3 g
Ácidos graxos ômega-8	1.215 mg
Ácidos graxos ômega-9	11.145 mg
Proteina	1,03 g
Carboidrato	3,84 g
Fibra	3,3 g
Vitamina A	393 UI
Vitamina E	3,81 mg
Betacaroteno	231 mcg
Luteína/zeaxantina	510 mcg
Sódio	1.556 mg
Fitoesteróis	176 mg

Azeitonas com laranja e limão

SERVE 6 (P) (D) (C) (A)

2 colheres de chá de sementes de erva-doce
2 colheres de chá de sementes de cominho
1 1/4 xícara de azeitonas verdes
1 1/4 xícara de azeitonas pretas
2 colheres de chá de raspas de laranja
2 colheres de chá de raspas de limão
3 minicebolas, bem picadas
1 pitada de canela em pó

Molho

4 colheres de sopa de vinagre de vinho branco
5 colheres de sopa de azeite de oliva extravirgem
2 colheres de sopa de suco de laranja
1 colher de sopa de hortelã fresca picada
1 colher de sopa de salsinha fresca picada

Preparo

1 Toste as sementes de erva-doce e de cominho em uma frigideira pequena de fundo grosso, agitando a frigideira em movimentos circulares, até que comecem a pipocar e liberar o aroma. Tire a frigideira do fogo e deixe esfriar.
2 Coloque as azeitonas, as raspas de laranja e de limão, as minicebolas, a canela e as sementes torradas em uma travessa.
3 Prepare o molho: misture bem o vinagre, o azeite, o suco de laranja, a hortelã e a salsinha e despeje sobre as azeitonas. Mexa bem, cubra e guarde na geladeira por 1-2 dias antes de servir.

09 AMEIXA SECA

A ameixa seca é fonte altamente concentrada de fibras e bastante eficaz na eliminação de toxinas responsáveis pelo envelhecimento.

A grande quantidade de antioxidantes encontrada na ameixa seca a coloca em uma das primeiras posições na escala ORAC (Capacidade de Absorção do Radical Oxigênio). A maioria desses antioxidantes é composto fenólico ou antioxidante solúvel em água, como a vitamina C e a rutina, que mantém as veias desobstruídas e ajuda a prevenir varicoses, auxilia na circulação e na função cardíaca e ajuda a cicatrizar a pele. A ameixa seca ou seu suco é um remédio caseiro para prisão de ventre bastante conhecido, principalmente devido ao teor de fibras: as solúveis aceleram a eliminação de resíduo tóxico e as insolúveis aumentam o volume do conteúdo fecal.

- As fibras insolúveis da ameixa seca aumentam a sensação de saciedade e ajudam a regular o apetite e a manter o peso ideal.
- A ameixa seca libera açúcar muito lentamente, prevenindo o envelhecimento prematuro e acelerado da pele.
- Cerca de 60% de suas fibras solúveis são provenientes da pectina, que ajuda a remover metais tóxicos nocivos, como o mercúrio e o chumbo, responsáveis pelo envelhecimento do corpo.

Dicas práticas:
Coloque água fervente, canela em pó, ameixas e damascos secos em um liquidificador e bata até obter um purê. Pode ser usado como substituto menos açucarado de geleias e serve também para adoçar iogurtes e mingau de aveia. Ameixas secas combinam bem em pratos de tempero mais acentuado, como o tajine marroquino, acrescentando suaves toques adocicados a carnes cozidas.

VOCÊ SABIA QUE...

Nos últimos tempos, a popularidade da ameixa seca na culinária aumentou? Isso ocorreu, em parte, devido a uma campanha promocional financiada pelos próprios produtores de ameixa fresca.

PRINCIPAIS NUTRIENTES ENCONTRADOS EM ¾ DE XÍCARA DE AMEIXA SECA SEM CAROÇO

Calorias	240
Gordura total	0,38 g
Proteína	2,18 g
Carboidrato	63,88 g
Fibra	7,1 g
Cálcio	43 mg
Magnésio	41 mg
Betacaroteno	394 mcg
Luteína/zeaxantina	148 mcg

Muffin de aveia e ameixa

RENDE 12 (M) (A)

Azeite de oliva ou manteiga derretida, para untar (se estiver usando)
1 xícara de farinha de trigo integral
1 colher de sopa de fermento em pó
½ xícara de açúcar mascavo
½ xícara de aveia em flocos
¾ de xícara de ameixas secas sem caroço, picadas
2 ovos
*1 xícara de buttermilk**
6 colheres de sopa de azeite de oliva
1 colher de chá de essência de baunilha

Preparo:

1 Preaqueça o forno a 200ºC. Unte um tabuleiro próprio para 12 muffins ou distribua 12 forminhas de papel apropriadas para muffins em um tabuleiro. Peneire a farinha e o fermento em uma tigela. Misture o açucar, a aveia e as ameixas picadas.

2 Em uma tigela à parte, bata os ovos. Adicione o buttermilk, o azeite e a essência de baunilha. Faça um buraco no centro dos ingredientes secos e despeje os ingredientes líquidos batidos. Misture devagar, até obter uma massa lisa. Não bata muito.

3 Transfira a massa para as forminhas de muffin. Asse por 20 minutos, até crescer, ficar dourado e firme ao toque.

4 Desenforme depois de 5 minutos e sirva morno ou deixe esfriar sobre uma grade de metal.

* Buttermilk ou leitelho é um resíduo da fabricação de manteiga. O buttermilk tradicional ou "caseiro" é bem líquido e levemente ácido, enquanto o industrializado é espesso e azedo. Confere uma textura mais leve a pães, panquecas e waffles. É fácil fazer em casa: Para cada xícara de buttermilk que a receita pedir, coloque 1 colher (sopa) de suco de limão ou vinagre branco em um recipiente graduado, e acrescente leite até completar uma xícara. Deixe descansar por cerca de 10 minutos antes de usar.

10 MELANCIA

A melancia tem efeitos benéficos sobre o equilíbrio dos fluidos do organismo, ajudando a prevenir a retenção de líquidos e a manter a pele bem hidratada, saudável e jovem.

Por conter 92% de água, os 6% de açúcar estão bem diluídos e não chegam a afetar os níveis de açúcar no sangue; pelo contrário, ajudam a levar a água para as células. Essa irrigação mantém a pele e os órgãos bem hidratados, o que é fundamental para a preservação da juventude. A cor vermelho forte da polpa é resultado do teor elevado de betacaroteno e licopeno, antioxidantes carotenoides que ajudam a proteger a pele dos danos causados pela exposição aos raios UV do sol.

- Efeito diurético que ajuda a limpar os rins, favorecendo a desintoxicação revitalizadora.
- O aminoácido arginina retira o açúcar da corrente sanguínea e o transforma em energia, ajudando a controlar o peso.
- Fonte excelente de vitamina C, que facilita a cicatrização de todos os tecidos do corpo e mantém a pele elástica e sem manchas causadas pelo envelhecimento.

Dicas práticas:
Escolha melancias com casca macia e de pouco brilho. Quando batidas levemente, devem emitir um som oco. A polpa deve ter cor vermelho forte, sem veios brancos; as sementes devem ser pretas ou marrom-escuro. Em um dia quente, consuma fatias de melancia para refrescar, ou tire as sementes, bata no liquidificador e sirva o suco em copos.

VOCÊ SABIA QUE...

O Japão desenvolveu uma variedade de melancia em formato de cubo, cultivada em caixas de vidro, mais fácil de empilhar e armazenar do que as frutas redondas originais?

PRINCIPAIS NUTRIENTES ENCONTRADOS EM ⅔ DE XÍCARA DE MELANCIA CORTADA EM CUBOS PEQUENOS

Calorias	30
Gordura total	0,15 g
Proteína	0,61 g
Carboidrato	7,55 g
Fibra	0,4 g
Vitamina C	8,1 mg
Potássio	112 mg
Licopeno	4.532 mcg
Betacaroteno	303 mcg

Salada de melancia e romã

SERVE 4–6 (P) (D) (C) (A)

1 melancia pequena e madura ou 1 pedaço grande, pesando cerca de 1,5 kg
1 romã madura
1 colher de sopa de água de rosas
1-2 colheres de chá de mel de boa procedência (opcional)
Folhas de hortelã fresca, para decorar

Preparo

1 Remova a casca e as sementes da melancia. Coloque a polpa em um prato para guardar o suco que escorre e corte em cubos pequenos. Transfira os cubos para uma travessa ou prato de servir.
2 Corte a romã sobre o mesmo prato para reservar o suco. Retire as sementes com uma colher e descarte a membrana branca amarga. Misture as sementes de romã à melancia.
3 Coloque os sucos da melancia e da romã em uma tigela pequena e misture com a água de rosas. Misture o mel até dissolver bem.
4 Regue as frutas com o suco aromatizado e mexa delicadamente. Cubra e leve à geladeira por pelo menos 1 hora. Decore com as folhas de hortelã e sirva a salada ainda gelada.

11 KIWI

Apresenta uma quantidade de ácidos graxos ômega-3 não muito comum em frutas, que, aliada ao alto teor de vitamina C, ajuda a manter o bom funcionamento do coração.

As sementes de kiwi podem ser fácilmente ingeridas. Além de fibras e zinco, elas contêm todos os nutrientes e enzimas necessários ao crescimento das plantas; ao ingerirmos essas sementes, também vamos crescer e rejuvenescer. Elas contêm, em média, 62% de ácido alfa-linoleico, um ácido graxo ômega-3 que ajuda a proteger o coração e diminuir inflamações, internas e externas ao corpo, prevenindo as doenças características da idade avançada. O kiwi é boa fonte de cobre, necessário para a produção de colágeno e, portanto, de pele, unhas e músculos saudáveis.

- Semelhante à banana quanto ao alto teor de potássio, mantém o bom funcionamento dos rins e garante a remoção das toxinas causadoras do envelhecimento.
- Contém mais vitamina C do que as laranjas, além de vitamina E e ácidos graxos ômega-3, hidratantes usados na conservação da pele.
- A vitamina C trabalha com o cobre para produzir colágeno, mantendo a pele firme e renovada.

Dicas práticas:

O kiwi pode ser consumido inteiro e *in natura* como a maçã; não descasque, pois a vitamina C que se concentra sob a casca é responsável pelo aumento do teor de fibras insolúveis e antioxidantes. Pressione o kiwi para testar se está maduro. Em caso afirmativo, a casca deve afundar um pouco.

VOCÊ SABIA QUE...

Alguns estudos demonstraram que o kiwi pode aliviar os sintomas de distúrbios respiratórios, como tosse e asma? Respiração saudável é essencial para o rejuvenescimento e para permanecer jovem a vida inteira.

PRINCIPAIS NUTRIENTES ENCONTRADOS EM UM KIWI DE TAMANHO MÉDIO

Calorias	46
Gordura total	0,39 g
Proteína	0,85 g
Carboidrato	11,06 g
Fibra	2,26 g
Vitamina C	69,9 mg
Vitamina E	1,10 mg
Potássio	235 mg
Cobre	0,10 mcg
Cálcio	22,66 mg
Zinco	25,64 mg
Ômega-3	31,75 mg

Vitamina de kiwi

SERVE 2 (P) (F) (D) (A)

1 manga
4 kiwis
1½ xícara de suco de abacaxi
4 folhas de hortelã fresca

Preparo

1. Corte a manga em 2 fatias o mais próximas do caroço que conseguir. Remova a polpa com uma colher e pique grosseiramente. Corte a polpa que ainda restar ao redor do caroço.
2. Descasque o kiwi com uma faca afiada e pique a polpa.
3. Coloque a manga, o kiwi, o suco de abacaxi e as folhas de hortelã em um processador ou liquidificador e bata até ficar bem homogêneo. Despeje em copos refrigerados e sirva.

12 RUIBARBO

Há milhares de anos, o ruibarbo é usado como laxativo, prevenindo a expansão de toxinas responsáveis pelo envelhecimento, causadoras da fadiga e da pele opaca e sem brilho.

Usado como ingrediente em uma dieta rica em fibras, ajuda no funcionamento do intestino, tonificando o músculo da parede do trato digestivo e assegurando a remoção dos resíduos tóxicos causadores do envelhecimento sem desidratar ou danificar o sistema digestivo. Tradicionalmente, é usado para manter a pele saudável e a aparência jovem ao promover a limpeza e a desintoxicação do corpo.

- Regula respostas inflamatórias, ajudando a equilibrar o sistema imunológico e a prevenir doenças associadas à idade avançada.
- Remove o excesso de gordura do sangue, ajudando a circulação a fornecer oxigênio e nutrientes revitalizantes para as células.
- Boa fonte de vitamina K, necessária para manter os ossos saudáveis e jovens.

Dicas práticas:
Por ser excessivamente amargo *in natura*, o ruibarbo sempre precisa ser adoçado. A adição de açúcar pode ter efeito negativo sobre suas propriedades benéficas; contudo, os danos podem ser minimizados com a adição de mel ou suco de frutas. Tentar se acostumar com o gosto amargo do ruibarbo e aceitar isso como característica de seu sabor único e distinto pode também reduzir a tentação de colocar muito açúcar.

VOCÊ SABIA QUE...

Há milhares de anos os chineses usam ruibarbo para manter o bom funcionamento dos rins e do sistema digestivo? Textos medicinais árabes e europeus da época medieval também mencionam essa propriedade do ruibarbo.

PRINCIPAIS NUTRIENTES ENCONTRADOS EM ¾ DE XÍCARA DE RUIBARBO FATIADO

Calorias	21
Gordura total	0,2 g
Proteína	0,9 g
Carboidrato	4,54 g
Fibra	1,8 g
Vitamina C	8 mg
Cálcio	86 mg
Potássio	288 mg
Vitamina K	29,3 mcg

Compota de frutas agridoce

SERVE 4 (P) (C) (A)

650 g de ruibarbo, cortado em pedaços de 2,5 cm
Suco de 2 laranjas
5 colheres de sopa de mel de boa procedência
2 xícaras de morangos

Preparo

1 Coloque o ruibarbo em uma panela, adicione o suco de laranja e o mel. Deixe levantar fervura, mexendo com cuidado. Diminua a chama e cozinhe em fogo brando por 5 minutos, mexendo de vez em quando.
2 Tire os talos dos morangos e corte os maiores ao meio. Junte ao ruibarbo e cozinhe por mais 5 minutos.
3 Divida a compota entre tigelas individuais e sirva ainda morna ou deixe esfriar na temperatura ambiente.

13 UVA ROXA

Uma das frutas mais saudáveis, as uvas roxas contêm poderosos nutrientes que combatem o envelhecimento da pele e do coração.

A casca e as sementes da uva roxa contêm teor elevado de resveratrol, um bioflavonoide valioso (substância química vegetal), também encontrado no amendoim e no vinho tinto. Como é, em geral, consumida com a casca, as fibras muito úteis da uva roxa são mantidas intactas. Assim como o blueberry e a amora, a uva roxa é fonte substanciosa de proantocianidina, concentrada na pigmentação vermelha e azul da casca, além do ácido elágico, antioxidante que favorece a desintoxicação rejuvenescedora. A uva roxa mantém o coração saudável, protegendo o colesterol "ruim" LDL (quando destruído, pode causar danos às artérias) e ajudando a reduzir os níveis de homocisteína, substância que – à semelhança do colesterol "ruim" – pode contribuir para doenças cardíacas.

- Contém ácido málico, que auxilia na produção de energia, revitalizando células e reparando danos, ajudando a manter uma aparência jovem.
- As sementes das uvas contêm óleos que são poderosos antibióticos naturais e que protegem a estrutura das veias e da pele.
- Contém lignanas, que ajudam a prevenir o câncer de mama.

Dicas práticas:
Escolha as uvas que não se soltam do caule com facilidade. Por apresentarem alto teor de sacarose, o suco de uvas vermelhas tem sabor muito adocicado. Como o açúcar se propaga rapidamente pela corrente sanguínea, prefira consumir a fruta *in natura*, mais fibrosa.

VOCÊ SABIA QUE...

A bactéria encontrada na casca da uva foi um dos primeiros micro-organismos a serem cultivados, usada na fermentação do vinho desde a Antiguidade?

PRINCIPAIS NUTRIENTES ENCONTRADOS EM ⅔ DE XÍCARA DE UVAS ROXAS

Calorias	69
Gordura total	0,16 g
Proteína	0,72 g
Carboidrato	18,1 g
Fibra	0,9 g
Vitamina C	10,8 mg
Potássio	191 mg

Salada de uvas, salsão e noz-pecã

SERVE 4 (P) (C) (A)

2 alfaces lisas, lavadas
6 talos de salsão, picados
2 xícaras de uvas roxas ou rosadas, sem sementes, cortadas ao meio se forem grandes
¾ de xícara de noz-pecã descascada
8-10 raminhos de agrião, para decorar

Molho

3 colheres de sopa de azeite de oliva extravirgem
½ colher de sopa de vinagre de vinho tinto
½ colher de sopa de vinagre balsâmico
Sal e pimenta

Preparo

1 Corte o talo da alface e descarte as folhas machucadas. Corte ao meio, no sentido do comprimento. Separe 6 folhas grandes e coloque 3 em cada prato. Corte o restante em tiras e arrume sobre as folhas inteiras.
2 Espalhe o salsão picado, as uvas e as pecãs sobre a alface picada.
3 Prepare o molho: em uma tigela pequena, misture o azeite, os vinagres e os temperos. Regue a salada com o molho. Decore com os raminhos de agrião e sirva.

14 GROSELHA

Tanto as groselhas vermelhas quanto as pretas apresentam alto teor de vitamina C. A coloração reflete as diferentes combinações de antioxidantes facilitadores do rejuvenescimento contidos em cada variedade.

As groselhas pretas e vermelhas são ricas em antioxidantes fitoquímicos, como a vitamina C e as proantocianidinas, fundamentais para preservar a juventude dos cabelos e da pele e para mantê-los saudáveis. Além disso, esses antioxidantes inibem mecanismos inflamatórios que desencadeiam doenças cardíacas, Alzheimer, câncer e osteoporose, comuns em idade avançada. A groselha é boa fonte de minerais benéficos para os ossos, por exemplo, o potássio alcalinizante que favorece a regeneração óssea e neutraliza os sais metabólicos que enfraquecem os ossos.

- Boa fonte de vitamina B5, essencial para que o corpo humano use a energia dos alimentos de origem vegetal para restauração e renovação, conservando a vitalidade.
- Contém as vitaminas B5 e C que reforçam a função suprarrenal, ajudando a combater o estresse.
- Contém ferro, que ajuda na produção de serotonina, neurotransmissor que mantém o equilíbrio do humor, reforçando uma aparência física positiva e padrões saudáveis de sono, benéficos para o rejuvenescimento.

Dicas práticas:
Por seu sabor adstringente, as groselhas vermelhas e pretas são usadas como base de molhos que acompanham pratos de carnes e sobremesas. As groselhas congelam bem. Depois de congeladas, agite-as bem para remover o caule.

VOCÊ SABIA QUE...

A groselha europeia é hospedeira da ferrugem vesiculosa? Por isso alguns estados americanos proibiram o cultivo dessa fruta. Isso faz com que seja difícil encontrá-la *in natura*.

PRINCIPAIS NUTRIENTES ENCONTRADOS EM UMA XÍCARA DE GROSELHAS

Calorias	63
Gordura total	0,4 g
Proteína	1,4 g
Carboidrato	15,4 g
Vitamina C	181 mg
Vitamina B_5	0,4 mg
Potássio	322 mg
Fósforo	59 mg
Ferro	1,5 mg

Vitamina de groselha com pêssego

SERVE 2 (P) (C) (A)

2 pêssegos grandes e maduros
¾ de xícara de groselhas vermelhas
¾ de xícara de água gelada
1-2 colheres de sopa de mel de boa procedência

Preparo

1 Corte os pêssegos ao meio e retire os caroços. Corte em pedaços não muito pequenos e coloque em um liquidificador.

2 Reserve dois cachos de groselha inteiros para decorar. Desmanche o restante dos cachos e coloque as groselhas no liquidificador, junto com o pêssego. Acrescente a água e o mel e bata até ficar homogêneo.

3 Divida entre dois copos e decore com os cachinhos de groselha.

15 TAMARINDO

É altamente recomendado como remédio caseiro, valorizado por suas propriedades depurativas e antienvelhecimento.

O tamarindo foi usado, com frequência, em medicamentos antissépticos e contra a malária. Segundo estudos recentes, o tamarindo é um agente antibacteriano eficaz contra salmonela e estafilococo, micróbios que enfraquecem o sistema imunológico. Por ser amargo, ajuda a estimular os sucos gástricos e o fluxo biliar, facilitando a digestão completa, a absorção de nutrientes e a remoção de toxinas nocivas ao organismo e responsáveis por doenças características de idade avançada e envelhecimento prematuro. Quando consumido em grandes quantidades, tem efeito laxativo.

- A coloração escura é indicativa de alto teor de antioxidantes carotenoides, que protegem contra os danos causados pela poluição e estresse.
- Quando adicionado aos alimentos, apresenta qualidades preservativas naturais, prevenindo os danos causados pelo envelhecimento provocados por infecção bacteriana.
- Pode ser aplicado diretamente na pele para aliviar inflamações e refrear o aumento de cicatrizes, ajudando a manter uma aparência jovem e saudável.

Dicas práticas:
Tenha sempre em sua cozinha, pois é um condimento bastante útil em culinária. Pode substituir o extrato de levedura, aditivo alimentar que pode intensificar problemas digestivos; além disso, contém menos sal do que o molho de soja. Ingrediente não muito conhecido do molho inglês, o tamarindo pode enriquecer o sabor de refogados de legumes.

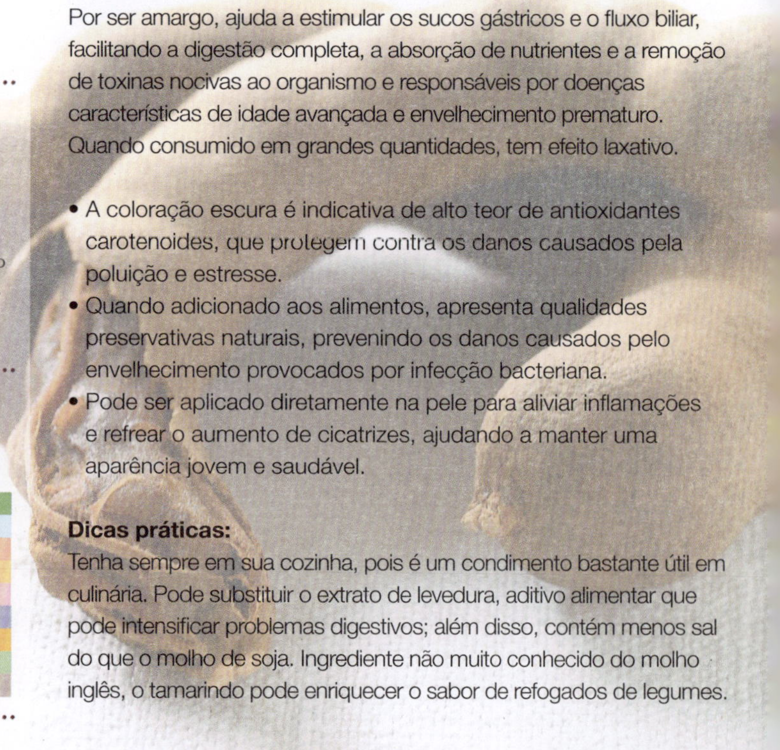

VOCÊ SABIA QUE...

O tamarindo é bastante utilizado nas medicinas tradicionais da Ásia, África, América do Sul e Irã (antiga Pérsia)? A palavra tamarindo é de origem persa e significa "tâmara indu" (ou tâmara indiana).

PRINCIPAIS NUTRIENTES ENCONTRADOS EM ¾ DE XÍCARA DE POLPA DE TAMARINDO

Calorias	239
Gordura total	0,6 g
Proteína	2,8 g
Carboidrato	62,5 g
Fibra	5,1 g
Vitamina C	3,5 mg
Potássio	628 mg
Magnésio	92 mg
Cálcio	74 mg

Relish* de tamarindo

RENDE CERCA DE 1 XÍCARA (C) (A)

¾ de xícara de polpa de tamarindo picada
2 xícaras de água
½ pimenta vermelha sem sementes e picada (ou a gosto)
¼ de xícara de açúcar mascavo (ou a gosto)
½ colher de chá de sal (ou a gosto)

Preparo:

1 Ferva o tamarindo e a água. Diminua a chama e cozinhe em fogo bem brando por 25 minutos, ou até ficar macio, mexendo de vez em quando para desmanchar a polpa.
2 Coloque a polpa de tamarindo em uma peneira, lave a panela e passe a polpa de volta à panela, pressionando bem com uma colher de pau.
3 Misture a pimenta, o açúcar e o sal e cozinhe por mais 10 minutos, em fogo baixo, até adquirir a consistência desejada. Deixe esfriar um pouco e acerte os temperos, acrescentado mais sal ou açúcar, se preferir.
4 Depois de frio, guarde em recipiente com tampa hermética. Pode ser conservado em geladeira por até 3 dias ou congelado.

* Tipo de conserva, semelhante ao chutney e ao pickles; um ou mais legumes picados bem miúdos, com sabor agridoce e bem condimentado, conservado no vinagre e açúcar. Servido com vários tipos de carne. O mais conhecido é o relish de pepino.

2

LEGUMES

Os legumes são a parte mais importante de qualquer dieta ou regime alimentar. São as folhas, raízes e caules, ricos em vitaminas e minerais, fundamentais para manter um corpo saudável. Para tanto, necessitamos de inúmeros legumes de cores variadas: existem evidências que cinco a oito porções por dia ajudam o rejuvenescimento.

(P) Pele, cabelo e unhas
(F) Força e mobilidade
(D) Saúde digestiva e desintoxicação
(M) Saúde mental
(C) Saúde do coração
(A) Antioxidante facilitador da imunidade

16 PIMENTÃO VERMELHO

Os legumes da espécie capsicum, (como a pimenta vermelha e a páprica), possuem propriedades que preservam a juventude. São excelentes para o coração e a pele.

O licopeno, antioxidante carotenoide que dá cor ao pimentão vermelho, é apenas um dos nutrientes que o diferenciam dos pimentões verdes. O pimentão verde tem duas vezes mais vitamina C e nove vezes mais carotenos. É um dos ingredientes da dieta rejuvenescedora Mediterrânea, contribuindo para a saúde do coração, uma vez que seu alto teor de antioxidantes mantém as artérias em boas condições. A presença de folato e vitamina B6 ajuda a reduzir os níveis de homocisteína, substância produzida naturalmente pelo nosso organismo e associada a doenças cardíacas e demência, quando em níveis elevados.

- Vitamina A bloqueia os danos à pele causados pelos raios solares UV, que se manifestam sob a forma de rugas ou manchas de pele que aparecem em idade avançada.
- Contém vitaminas C e B6, necessárias para a produção de ácido estomacal, que destrói a bactéria nociva antes que chegue ao intestino.
- Contém folato, necessário para o desenvolvimento celular e para a renovação da pele, contribuindo para manter a aparência jovem.

Dicas práticas:

Escolha os pimentões que parecem mais pesados e com o caule firme e bem verde. A pele deve ser macia, firme e sem rugas. Guarde na geladeira, sem lavar, embalado em saco plástico, por até uma semana. Consumir pimentões vermelhos com azeite de oliva aumenta em dobro os benefícios para a saúde e otimiza a absorção dos nutrientes.

VOCÊ SABIA QUE...

Pesquisas sugerem que a ingestão diária de pimentões pode ajudar a prevenir a formação de células cancerígenas? Nas Américas do Sul e Central, é costume consumir ¼ de xícara de pimentões picados por dia.

PRINCIPAIS NUTRIENTES ENCONTRADOS EM UM PIMENTÃO VERMELHO DE TAMANHO MÉDIO

Calorias	37
Gordura total	0,36 g
Proteína	1,18 g
Carboidrato	7,18 g
Fibra	2,5 g
Vitamina A	6.681 UI
Vitamina C	222 mg
Vitamina B_6	0,35 mg
Folato	25,7 mcg

Pimentões vermelhos recheados

SERVE 4 (P) (D) (C) (A)

¾ de xícara de arroz basmati integral
4 pimentões vermelhos grandes
2 colheres de sopa de azeite de oliva
1 dente de alho picado
4 minicebolas picadas
1 talo de salsão picado
3 colheres de sopa de nozes picadas
2 tomates, sem pele e picados
1 colher de sopa de suco de limão
⅓ de xícara de uva-passa
4 colheres de sopa de queijo cheddar ralado (opcional)
2 colheres de sopa de manjericão fresco picado
Sal e pimenta

Preparo

1 Preaqueça o forno a 180ºC. Cozinhe o arroz em água salgada fervente por 35 minutos. Escorra, lave em água corrente fria e escorra novamente.

2 Corte uma tampa da parte superior dos pimentões e reserve. Retire as sementes e as partes brancas. Cozinhe os pimentões e as tampas em água fervente por 2 minutos. Retire do fogo e escorra bem.

3 Aqueça metade do azeite em uma frigideira grande. Junte o alho e as minicebolas e refogue, sem parar de mexer, por 3 minutos. Acrescente o salsão, as nozes, os tomates, o suco de limão e as passas. Refogue por mais 5 minutos. Retire do fogo e misture o arroz, o queijo (se estiver usando), o manjericão picado e os temperos.

4 Recheie os pimentões com o arroz temperado. Disponha sobre uma travessa refratária. Cubra com as tampas dos pimentões, regue com o restante do azeite e cubra com papel-alumínio (não aperte muito). Asse por 45 minutos. Retire do forno e sirva.

17 ESPINAFRE

Contém minerais, inclusive o magnésio que, quando em níveis baixos no organismo, pode provocar ansiedade e insônia, fatores de envelhecimento prematuro.

O espinafre apresenta teor elevado de clorofila, o que o torna alcalinizante e depurativo quando consumido. A cor forte das folhas é resultante da coloração variada de carotenoides, substâncias químicas antioxidantes que protegem os vegetais contra os danos causados pelos raios solares UV. Quanto mais escura, mais desses nutrientes são encontrados na folha e, portanto, maior será a proteção oferecida pelo espinafre contra os danos causados à pele pelos raios solares e contra os danos ao organismo provocados pelos radicais livres.

- Contém ácido alfalipoico e glutationa, substâncias que fortalecem as células cerebrais e ajudam a manter a função cerebral jovem e saudável.
- Fonte de folato, necessário para o crescimento, energia e renovação das células.
- Contém uma boa quantidade de aminoácidos, fundamentais para a restauração dos ossos e músculos, preservando, assim, tanto a força quanto a agilidade.
- Contém boa quantidade de ferro, que ajuda a distribuir o oxigênio no organismo, atuando no reabastecimento das células e mantendo-as sempre como novas.

Dicas práticas:

Prefira cozinhar o espinafre no vapor para conservar o teor de folato. Se cozinhar direto na água e deixar ferver por mais de 4 minutos, o conteúdo de folato cai pela metade. Consuma com outros alimentos ricos em vitamina C para potencializar a absorção do ferro.

VOCÊ SABIA QUE...

O espinafre contém uma substância química que estimula a atividade cerebral, a tiramina, também encontrada no queijo, no chocolate e no vinho? Evite consumir esses alimentos perto da hora de dormir, caso tenha algum distúrbio de sono.

PRINCIPAIS NUTRIENTES ENCONTRADOS EM 3 ½ XÍCARAS DE ESPINAFRE

Calorias	23
Gordura total	0,4 g
Proteína	2,2 g
Carboidrato	3,6 g
Fibra	2,2 g
Vitamina C	28 mg
Vitamina A	9.377 UI
Betacaroteno	5.626 mcg
Vitamina E	2,03 mg
Vitamina K	483 mg
Folato	194 mg
Cálcio	99 mg
Magnésio	79 mg
Ferro	2,71 mg

Batata e espinafre com curry

SERVE 4 (P) (F) (D) (M) (C)

4 tomates
2 colheres de sopa de azeite de oliva ou de óleo de amendoim
2 cebolas, cortadas em gomos
1 pedaço de gengibre, de 2,5 cm, descascado e picado bem miúdo
1 dente de alho picado
2 colheres de sopa de coentro em pó
3 batatas médias, sem a casca e cortadas em pedaços não muito pequenos
2½ xícaras de caldo de legumes, com pouco sal
*1 colher de sopa de pasta de curry vermelho**
225 g de folhas de espinafre
Arroz basmati integral cozido, para acompanhar (opcional)

Preparo

1 Coloque os tomates de molho em água fervente por 1 minuto. Mergulhe em água fria e retire a pele. Corte cada tomate em quatro e retire as sementes. Reserve.

2 Aqueça o azeite ou óleo em uma frigideira wok. Junte as cebolas, o gengibre e o alho. Refogue, em fogo de médio para alto, por 2-3 minutos, até começar a amolecer. Junte o coentro e as batatas e continue refogando por mais 2-3 minutos. Acrescente o caldo e a pasta de curry e deixe levantar fervura, mexendo de vez em quando. Diminua a chama e cozinhe em fogo brando por 10-15 minutos ou até que as batatas estejam macias.

3 Junte o espinafre e os pedaços de tomate e cozinhe, sem parar de mexer, por 1 minuto ou até que as folhas do espinafre murchem. Sirva com arroz, se estiver usando.

* Condimento utilizado na culinária asiática, mais destacadamente na Tailândia, Indonésia e Vietnã. Encontrado em lojas de produtos orientais.

18 ALHO

Tradicionalmente usado como planta medicinal por conter vários compostos à base de enxofre, que desintoxicam, depuram e reparam as células, ajudando a manter a aparência e o espírito jovens.

O alho é antifúngico, antibacteriano e antiparasítico natural. O uso regular em culinária ajuda a manter o trato digestivo limpo, fortalece o sistema imunológico e afasta infecções e distúrbios que podem desencadear o envelhecimento prematuro. A propriedade do alho de exterminar organismos prejudiciais já era conhecida durante a Primeira e a Segunda Guerras mundiais, quando foi usado como antisséptico. A capacidade de afinar o sangue é tão poderosa que grandes quantidades de alho devem ser evitadas durante tratamentos com anticoagulantes, como a warfarina. Pode, no entanto, ser usado como defesa contra a arteriosclerose e doenças coronarianas. Um dente de alho por dia ajuda a baixar a pressão arterial e a controlar os níveis de colesterol, além de assegurar os efeitos positivos sobre a pele.

- Contém inulina, fibra prebiótica que alimenta a bactéria benéfica do trato digestivo, auxiliando a digestão e desintoxicação.
- O teor de enxofre ajuda a remover metais tóxicos nocivos responsáveis pelo envelhecimento, como o mercúrio e o chumbo.
- Associado à vitalidade da juventude e ao afastamento de doenças que contribuem para o envelhecimento prematuro.

Dicas práticas:
O cozimento reduz o potencial do alho, garantido em sua totalidade quando o dente de alho é consumido inteiro, *in natura*.

VOCÊ SABIA QUE...

Um dos mais antigos temperos usados em culinária, o alho era servido com pão para alimentar os trabalhadores na construção das pirâmides? Cabeças de alho roxo, com cerca de 45 dentes, foram encontradas em tumbas egípcias.

PRINCIPAIS NUTRIENTES ENCONTRADOS EM 2 DENTES DE ALHO

Calorias	8
Gordura total	0,3 g
Proteína	0,38 g
Carboidrato	0,99 g
Fibra	0,2 g
Vitamina C	0,9 mg
Potássio	24 mg

Aïoli

SERVE 4 (D)(C)(A)

3 dentes de alho grandes, picados
2 gemas
1 xícara de azeite de oliva extravirgem
2 colheres de sopa de suco de limão
1 colher de sopa de mostarda Dijon
1 colher de sopa de estragão fresco picado
Sal e pimenta
1 raminho de estragão fresco, para decorar

Preparo

1 Só use ingredientes em temperatura ambiente. Bata o alho e as gemas em um processador, até misturar bem.

2 Com o processador ligado, acrescente o azeite, uma colher de cada vez. Quando começar a engrossar, despeje o restante do azeite em um fio contínuo e continue batendo até obter uma maionese bem espessa. É importante que o azeite seja adicionado às gemas bem lentamente para evitar que a maionese talhe. Só acrescente a próxima colher depois que o azeite da colher anterior for incorporado. Caso a maionese talhe, coloque uma gema em uma tigela à parte e acrescente a maionese talhada, um pouco por vez, batendo bem com um batedor manual. Coloque no processador novamente e acrescente o restante do azeite, com o processador sempre ligado.

3 Adicione o suco de limão, a mostarda e o estragão. Tempere com sal e pimenta a gosto. Bata até obter uma maionese lisa e macia e transfira para uma tigela. Decore com o raminho de estragão.

4 Cubra com filme plástico e leve à geladeira até a hora de servir.

19 SALSÃO

O salsão silvestre é usado como remédio caseiro há centenas de anos. Tem efeito calmante, que ajuda a prevenir insônia e ansiedade, dois fatores responsáveis pelo envelhecimento.

Segundo estudos desenvolvidos, a ingestão de quatro talos de salsão por dia é suficiente para ajudar a baixar a pressão arterial. Isso é possível porque o salsão contém apigenina e ftalida, substâncias que expandem os vasos sanguíneos, gerando uma queda de pressão. Além disso, esse efeito ativa a porção tranquilizante do sistema nervoso, criando um efeito calmante que alivia a tensão. Por conter triptofano, proteína utilizada na fabricação de serotonina, hormônio que regula o humor e o sono, o salsão é lenitivo contra insônia e ansiedade, duas conhecidas causas do envelhecimento precoce.

- Utilizado com frequência em programas de perda de peso pois tem poucas calorias e alto teor de fibras.
- Contém potássio, que ajuda a eliminar o excesso de líquidos, a manter a forma física jovem e a prevenir celulites.
- Controla o apetite e ajuda a manter o peso ideal.
- Teor elevado de potássio e vitamina C, que mantém o coração jovem e saudável.

Dicas práticas:

O salsão é delicioso, tanto cru quanto cozido. É a base da maioria dos caldos. O sal de salsão, de baixo teor de sódio, utilizado em drinks, é obtido a partir das sementes secas e moídas.

VOCÊ SABIA QUE...

Os romanos usavam uma coroa de salsão na cabeça para "proteger" contra ressacas? Hoje em dia, atletas tomam suco de salsão para repor as energias depois de uma sessão de treinamento, pois reidrata e ajuda a restaurar músculos cansados.

PRINCIPAIS NUTRIENTES ENCONTRADOS EM 1 XÍCARA DE SALSÃO PICADO

Calorias	16
Gordura total	0,17 g
Proteína	0,69 g
Carboidrato	2,97 g
Fibra	1,6 g
Vitamina C	3,1 mg
Vitamina B_3	0,32 mg
Vitamina B_5	0,25 mg
Folato	36 mg
Cálcio	40 mg
Magnésio	11 mg
Potássio	260 mg

Sopa de salsão com cenoura e maçã

SERVE 4 (F) (D) (M) (C)

900 g de cenouras, cortadas em cubos pequenos
1 cebola picada
3 talos de salsão picados
4 xícaras de caldo de legumesl
2 maçãs médias, mais 1 extra, para decorar
2 colheres de sopa de extrato de tomate
1 folha de louro
Suco de ¼ de 1 limão grande
Sal e pimenta
Folhas de salsão picadas, para decorar

Preparo:

1 Coloque as cenouras, a cebola e o salsão em uma panela grande. Adicione o caldo de legumes e deixe levantar fervura. Diminua a chama e cozinhe em fogo brando por 10 minutos.

2 Tire a casca e as sementes das maçãs. Corte em cubinhos pequenos. Junte as maçãs picadas, o extrato de tomate e a folha de louro à panela com o caldo. Cozinhe em fogo baixo por 20 minutos, com a panela parcialmente tampada. Remova a folha de louro.

3 Tire as sementes da terceira maçã e corte em fatias finas, sem descascar. Coloque as fatias de maçã em uma panela pequena e esprema o suco de limão. Aqueça em fogo baixo, por 1-2 minutos, ou até que as maçãs fiquem macias. Escorra e reserve.

4 Coloque a sopa de maçã e cenoura em um processador ou liquidificador e bata até ficar homogêneo. Retorne a sopa à panela lavada e aqueça lentamente. Tempere com sal e pimenta a gosto. Divida a sopa entre quatro pratos fundos ou tigelas individuais aquecidas, decore com as fatias de maçã e com as folhas de salsão picadas e sirva imediatamente.

20 CENOURA

A cor laranja brilhante é resultante do alto teor de beta e alfacaroteno, o que faz com que a cenoura seja importante para o rejuvenescimento da pele e de outros órgãos.

Como pode ser ingerida crua, a cenoura é considerada alimento mais nutritivo e natural do que outros legumes que necessitam de cozimento. No entanto, o cozimento rápido não deixa de trazer benefícios, pois ajuda a liberar os carotenoides antioxidantes contidos na cenoura. Os nutrientes solúveis em gordura precisam ser consumidos com óleo, para garantir uma melhor absorção. Uma cenoura crua rende 3% de betacaroteno, que pode ser elevado a 39% quando cozida no vapor, batida em sucos ou preparada no óleo. O organismo converte betacaroteno em vitamina A, necessária para uma visão saudável. Além disso, as cenouras contêm teor elevado de vitamina A que não necessita de conversão, e, portanto, fazem o melhor possível para manter a juventude.

- O falcarinol, substância química encontrada nas cenouras, é tido como antioxidante atuante na proteção da pele.
- Contém pectina, fibra que promove a desintoxicação de metais pesados como o chumbo e o cádmio, além de outras toxinas responsáveis pelo envelhecimento.
- Fonte de rutina, flavonoide que ajuda a prevenir veias varicosas, pressão arterial alta e doenças cardíacas.

Dicas práticas:
Refogar as cenouras no vapor, deixando-as levemente crocantes, é a opção mais saudável. Comê-las cruas, em palitos ou raladas, garante boa quantidade de fibras depurativas.

VOCÊ SABIA QUE...

Foram os holandeses os que desenvolveram a cenoura como conhecemos hoje? Antes, elas eram diferentes, mais amargas, com saliências e protuberâncias, de cor roxa. As folhas eram usadas como enfeites nos chapéus da era elizabetana.

PRINCIPAIS NUTRIENTES ENCONTRADOS EM ¾ DE XÍCARA DE CENOURAS PICADAS

Calorias	41
Gordura total	0,24 g
Proteína	0,93 g
Carboidrato	9,58 g
Fibra	2,8 g
Vitamina C	5,9 mg
Vitamina A	16.706 UI
Potássio	320 mg
Betacaroteno	8.285 mg
Alfacaroteno	3.477 mg

Patê de cenoura assada com queijo feta

SERVE 4–6 (P)(D)(M)(C)(A)

8 cenouras médias, pesando cerca de 500 g no total, descascadas e cortadas em fatias grossas
⅓ de xícara de azeite de oliva extra-virgem
2 colheres de chá de sementes de cominho, torradas e moídas
¾ de xícara de queijo feta escorrido e esfarelado ou queijo de cabra fresco firme
Sal e pimenta
1 maço pequeno de coentro fresco, picado, para decorar

Preparo

1 Preaqueça o forno a 200ºC. Coloque as cenouras em uma travessa refratária, regue com o azeite e cubra com papel-alumínio. Asse por cerca de 25 minutos.

2 Enquanto espera, aqueça a frigideira de fundo grosso em fogo médio. Adicione as sementes de cominho e frite por 3-4 minutos, sem parar de mexer, até dourar suavemente e liberar o aroma. Deixe esfriar e moa em um moedor elétrico ou em um pilão, até obter um pó grosso.

3 Retire o alumínio e salpique o cominho moído sobre as cenouras. Asse por mais 15 minutos, ou até ficar macia.

4 Amasse as cenouras com um garfo e misture com o óleo da assadeira. Se preferir, bata em um processador ou liquidificador. Tempere com sal e pimenta a gosto e transfira para uma travessa ou prato de servir. Espalhe o queijo feta esfarelado por cima, decore com o coentro picado e sirva morno ou na temperatura ambiente.

21 ABÓBORA

Contém cumarina, substância anti--inflamatória, antioxidante e antibacteriana.

A cumarina é importante para a proteção e sustentação da função cardíaca. A abóbora é boa fonte de manganês, mineral necessário em pequenas quantidades para potencializar gorduras e proteínas, fabricar ossos, renovar a pele, absorver cálcio, regular os hormônios sexuais, equilibrar o açúcar no sangue e criar um novo DNA para que o organismo seja capaz de efetuar a cicatrização. O manganês é componente importante do superóxido dismutase (SOD), antioxidante presente em todas as células e que as protegem contra o envelhecimento.

- Contém as vitaminas A e C, antioxidantes que destroem as moléculas dos radicais livres nocivos e protegem contra os efeitos negativos do calor e da luz.
- Contém potássio, magnésio e manganês, que ajudam a prevenir inflamações associadas a doenças relacionadas com a idade avançada.
- Potássio e magnésio também ajudam a regular a função cardíaca e a manter a pressão arterial baixa.

Dicas práticas:
A abóbora deve parecer mais pesada para o tamanho, caso contrário a polpa estará seca e farinhenta. Escolha as de pele brilhante, sem manchas ou machucados. Guarde na geladeira, em sacos plásticos, por até uma semana. Um bom recheio para wraps e sanduíches é cortá-la ao meio, regar com azeite e assar por 20 minutos a 200°C. Retire a polpa com uma colher e misture com queijo de cabra e agrião.

VOCÊ SABIA QUE...

As abóboras são originárias da América do Sul e estão botanicamente relacionadas ao melão e ao pepino? Na Austrália, a abóbora butternut é usada da mesma maneira que a moranga, à qual está intimamente relacionada.

PRINCIPAIS NUTRIENTES ENCONTRADOS EM ¾ DE XÍCARA DE ABÓBORA PICADA

Calorias	45
Gordura total	0,1 g
Proteína	1 g
Carboidrato	11,69 g
Fibra	2 g
Vitamina C	21 mg
Vitamina A	10.630 UI
Cálcio	34 mg
Magnésio	26 mcg
Potássio	352 mcg
Manganês	0,2 mcg

Assado de abóbora e espinafre

SERVE 4 (P) (F) (M) (C) (A)

2 xícaras de abóbora, sem casca e sem sementes, cortada em cubos
2 cebolas roxas pequenas, cortadas em 8 gomos cada uma
2 colheres de chá de azeite de oliva
120 g de folhas de espinafre bem tenras
2 colheres de sopa de farelo de pão integral ou de farinha de rosca feita com pão integral torrado
Pimenta

Molho branco

1 xícara de leite ou de leite de soja
2 colheres de chá de amido de milho
1 colher de chá de mostarda em pó
1 cebola pequena
2 folhas de louro pequenas
4 colheres de chá de queijo parmesão ou pecorino (opcional)

Preparo

1 Preaqueça o forno a 200ºC e coloque uma travessa refratária para aquecer.
2 Coloque a abóbora e a cebola em uma assadeira antiaderente, cubra com o óleo e bastante pimenta-do-reino. Asse por 20 minutos, virando uma vez.
3 Prepare o molho: coloque o leite em uma panela antiaderente. Misture o amido de milho, a mostarda, a cebola e as folhas de louro. Aqueça em fogo médio até engrossar, mexendo com um batedor manual. Retire do fogo, remova as cebolas e as folhas de louro e misture o queijo. Reserve. Mexa de vez quando.
4 Quando a abóbora estiver quase cozida, coloque o espinafre em uma panela grande, adicione 2 colheres de sopa de água e aqueça em fogo médio, por 2-3 minutos, sem parar de mexer.
5 Coloque metade da abóbora assada na travessa refratária aquecida e cubra com metade do espinafre. Repita as camadas. Cubra com o molho branco e polvilhe com farelo de pão ou farinha de rosca.
6 Asse por 15-20 minutos.

22 COUVE-DE-BRUXELAS

Contém sinigrina, poderoso antioxidante encontrado no fígado, que desintoxica e elimina outras substâncias nocivas responsáveis pelo envelhecimento.

Todas as plantas da família das brassicáceas ou crucíferas, como a couve-de-bruxelas, o repolho, a couve-flor, o brócolis e a couve, contêm glucosinolatos, substâncias químicas sulfurosas; estudos indicam que essas substâncias reduzem a incidência e os tumores cancerígenos, principalmente o câncer hormonal, como o de mama e o de próstata. Sulforafano, um glucosinolato poderoso encontrado nas brassicáceas, estimula a depuração do organismo e a desintoxicação das enzimas, mantendo nossos sistemas mais jovens e livres de toxinas. O sulforafano é formado quando as crucíferas são picadas ou mastigadas.

- Compostos sulfurosos aliados ao teor elevado de fibras reduzem o colesterol "ruim" LDL e removem as toxinas responsáveis pelo envelhecimento.
- 31% de suas calorias vêm da proteína, simplesmente fabuloso para manter a pele e os ossos rejuvenescidos.
- Boa fonte de vitaminas A, C e E e de luteína, aumentando as propriedades anticancerígenas e antienvelhecimento da couve-de-bruxelas.

Dicas práticas:
Cozinhe no vapor ou afervente as couves-de-bruxelas por 6-7 minutos. Se cozinhar por mais tempo, o odor de enxofre é liberado. Corte o caule bem rente às folhas e faça dois talhos em forma de cruz na base – isso ajuda a cozinhar melhor em pouco tempo.

VOCÊ SABIA QUE...

A maior parte das couves-de-bruxelas cultivada vem da Califórnia? 85% da produção é destinado para a indústria e para lojas de alimentos congelados.

PRINCIPAIS NUTRIENTES ENCONTRADOS EM100 G DE COUVE-DE-BRUXELAS

Calorias	43
Gordura total	0,3 g
Proteína	3,38 g
Carboidrato	8,95 g
Fibra	3,8 g
Vitamina C	85 mg
Vitamina A	754 UI
Vitamina E	0,88 mg
Folato	61 mcg
Ferro	1,4 mg
Luteína/Zeaxantina	1.590 mcg

Couve-de-bruxelas com alho e amêndoas

SERVE 4 (P)(F)(D)(C)(A)

24-32 couves-de-bruxelas, dependendo do tamanho
1 colher de sopa de azeite de oliva
3 dentes de alho, bem picados
2 colheres de sopa de caldo de legumes com pouco sal
¾ de xícara de amêndoas, em lascas
½ colher de chá de noz-moscada ralada
⅓ de xícara de iogurte natural
Sal e pimenta

Preparo

1 Lave as couves-de-bruxelas, remova folhas amareladas e corte o caule bem rente às folhas. Corte-as ao meio. Coloque em água fervente ou cozinhe no vapor por 2 minutos. Escorra e seque bem com toalhas de papel ou com um pano de prato limpo.

2 Aqueça o azeite em uma frigideira, junte as couves e refogue, em fogo médio, por 1 minuto ou até dourar levemente. Junte o alho e refogue por mais 1 minuto, mexendo 1 ou 2 vezes. Acrescente o caldo, tampe, diminua a chama e cozinhe em fogo brando por 2 minutos ou até ficarem macias, porém firmes.

3 Adicione as amêndoas, a noz-moscada, o iogurte, o sal e a pimenta. Mexa bem. Aqueça por 1 minuto e sirva.

23 CEBOLA

É conhecida por suas propriedades anti-inflamatórias e curativas.

A cebola e outras plantas da família allium, como o alho e o alho-poró, contêm sulfeto alílico, composto sulfúrico que ajuda a baixar a pressão arterial e a refrear o crescimento de tumores. Semelhante às maçãs e ao chá-verde, a cebola tem teor elevado de quercetina, substância química vegetal com excelentes propriedades antioxidantes, anti-histamínicas e anti-inflamatórias. Bloqueia no organismo a enzima que provoca acúmulo de sorbitol, um açúcar que, quando encontrado em grandes quantidades, prejudica os olhos, os rins e os nervos.

- Contém vitamina C, vitamina B6, cálcio, potássio e fósforo, importantes para manter a saúde do coração.
- O teor de fósforo agrega cálcio à formação de novos ossos, mantendo o corpo jovem e saudável.
- Ajuda a destruir os osteoclastos, células que retiram massa óssea e enfraquecem os ossos, reduzindo o risco de osteoporose.

Dicas práticas:
Existem inúmeras variedades de cebola: das brancas, maiores e com odor mais forte de enxofre, tão usadas em culinária passando pelas roxas e até as menores, mais adocicadas, usadas em conservas. Experimente comer essa variedade de minicebolas cruas, *in natura*, para tirar mais proveito de seus fitonutrientes. As cebolas ficam deliciosas quando assadas inteiras, regadas no azeite de oliva e temperadas com alecrim e dentes de alho também inteiros. Procure usar cebolas de odor mais forte com certa frequência, pois quanto mais forte o sabor, mais elevado o teor de flavonoides anticancerígenos encontrados na cebola.

VOCÊ SABIA QUE...

Por terem estruturas celulares compostas de celulose visíveis, as cebolas são colocadas sob as lentes do microscópio em aulas de ciências como exemplo de célula vegetal?

PRINCIPAIS NUTRIENTES ENCONTRADOS EM ⅔ DE XÍCARA DE CEBOLA PICADA

Calorias	40
Gordura total	0,1 g
Proteína	1,1 g
Carboidrato	9,34 g
Fibra	1,7 g
Vitamina C	7,4 mg
Vitamina B_6	0,12 mg
Potássio	146 mg
Fósforo	29 mg
Cálcio	23 mg

Molho de cebola com pimenta

RENDE CERCA DE
1 XÍCARA

(P) (F) (C) (A)

1-2 pimentas-verdes, bem picadas e sem sementes (à sua escolha)
1 pimenta vermelha pequena, bem picada e sem sementes (à sua escolha)
1 colher de sopa de vinagre de cidra
2 cebolas brancas, bem picadas
2 colheres de sopa de suco de limão
1 colher de sopa de mel de boa procedência
3 colheres de sopa de coentro fresco picado, ou hortelã, ou salsinha, ou de uma mistura de ervas
Sal
Flor de pimenta, para decorar

Preparo

1 Faça a flor de pimenta: com uma faca afiada, faça vários cortes na pimenta, no sentido do comprimento. Mantenha o caule intacto. Coloque a pimenta em uma tigela com água gelada e deixe descansar por 25-30 minutos.

2 Coloque as pimentas picadas em uma tigela pequena não metálica, junte o vinagre, mexa bem e escorra em uma peneira. Retorne as pimentas à tigela e acrescente as cebolas, o suco de limão, o mel e as ervas. Tempere com sal a gosto.

3 Mantenha na temperatura ambiente ou cubra e leve à geladeira por 15 minutos. Decore com a flor de pimenta e sirva.

24 AGRIÃO

O agrião estimula o fluxo da bile no fígado, favorecendo a desintoxicação e a digestão, ajudando a remover componentes responsáveis pelo envelhecimento e a absorver os nutrientes revitalizantes.

Contém isotiocianato, composto sulfúrico desintoxicante e anticancerígeno. O enxofre é o segredo do poder do agrião. É importante para eliminar o álcool do organismo, equilibrar os hormônios sexuais e ajudar a restaurar o vigor, tanto em homens quanto em mulheres. Além disso, pode ajudar na circulação, levando nutrientes e oxigênio para onde são necessários. O enxofre é, também, importante na cicatrização e é combinado à vitamina C para fazer colágeno, assegurando pele firme e sem rugas e músculos e ossos fortes.

- Contém alto teor de folato, que favorece a renovação da pele. Quanto mais escura a folha, maior a quantidade de folato.
- Contém carotenoides, antioxidantes que protegem a folha dos efeitos negativos dos raios UV e, portanto, nos protegem contra o envelhecimento e danos na pele provocados pelos raios solares.
- Rico em vitaminas A, C e E, antioxidantes que ajudam a prevenir rugas, manchas e danos na pele causados pela idade avançada.
- Contém alto teor de iodo, que regula o metabolismo e ajuda a manter o peso ideal.

Dicas práticas:
Escolha agrião com folhas bem verdes, sem manchas amareladas. Prefira comprar em maços, quando possível, ao invés de embalados em sacos plásticos ou bandejas envoltas em filme plástico. Consuma imediatamente.

VOCÊ SABIA QUE...

Na Botânica, o agrião é semelhante à mostarda? O sabor amargo e apimentado característico de suas folhas só se desenvolve quando começa a florescer.

PRINCIPAIS NUTRIENTES ENCONTRADOS EM 10 RAMOS DE AGRIÃO

Calorias	3
Gordura total	Traços
Proteína	0,6 g
Carboidrato	0,3 g
Fibra	Traços
Vitamina A	798 UI
Vitamina C	11 mg
Vitamina E	0,25 mg
Vitmana K	62 mcg
Folato	2,25 mg
Ferro	0,06 mg
Betacaroteno	478 mcg
Luteína/zeaxantina	1.442 mcg

Sopa de agrião

SERVE 4 (P) (F) (D) (C) (A)

2 maços de agrião, cuidadosamente lavados
3 colheres de sopa de manteiga
2 cebolas picadas
1 ½ xícara de batatas descascadas e picadas
8 xícaras de caldo de legumes com pouco sal ou de água
Noz-moscada ralada
Sal e pimenta
Iogurte natural desnatado ou coalhada fresca e azeite de oliva extravirgem, para acompanhar

Preparo

1 Separe os caules das folhas do agrião. Reserve as folhas e pique os caules.
2 Derreta a manteiga em uma panela grande, em fogo médio. Adicione as cebolas e refogue por 4-5 minutos, até ficar macia. Não deixe dourar.
3 Junte as batatas e misture. Acrescente os caules do agrião e o caldo.
4 Deixe levantar fervura, diminua a chama, tampe e cozinhe em fogo brando por 15-20 minutos ou até que a batata esteja macia.
5 Adicione as folhas de agrião e deixe aquecer. Retire do fogo e bata com um batedor elétrico manual até ficar homogêneo. Se preferir, bata no liquidificador e retorne à panela lavada. Aqueça novamente, tempere com sal e pimenta a gosto e com uma boa pitada de noz-moscada ralada.
6 Sirva em pratos fundos ou tigelas individuais aquecidas. Decore com uma colherada de iogurte, noz-moscada ralada e algumas gotas de azeite de oliva.

25 ALHO-PORÓ

Pertencente à mesma família do alho e da cebola, o alho-poró contém enxofre, que traz benefícios para a saúde da pele, dos ossos e do coração, ajudando a permanecer jovem.

O alho-poró contém uma substância importante chamada saponina, um composto saponáceo que se agrega ao colesterol no intestino, evitando que seja reabsorvido e assegurando sua eliminação. Pesquisas demonstraram que as saponinas são antibióticos que, além de reduzirem o risco de infecções naturais, também ajudam a diminuir a necessidade de antibióticos alopatas que podem irritar a flora benéfica do trato digestivo. Essas substâncias ainda atuam como antioxidantes e parecem eliminar ou inibir células cancerígenas.

- Contém teor elevado de fibras prebióticas que alimentam as fibras probióticas benéficas do trato digestivo, ajudando a reduzir inflamações relacionadas à idade avançada.
- Contém compostos sulfúricos que auxiliam o processo de desintoxicação, removendo as toxinas do corpo antes que elas estimulem o processo de envelhecimento.
- Contém vitamina K, necessária para a restauração óssea.
- Contém vitamina B6 e folato, agentes metilantes necessários para a desintoxicação e para manter a função cerebral jovem.

Dicas práticas:
O alho-poró pode substituir a cebola em muitas receitas e pode ser tolerado por portadores de intolerância ao teor elevado de enxofre das cebolas. Tome cuidado para não cozinhar demais, pois perde muito do seu sabor e textura. Fica delicioso servido cru, em saladas, cortado em fatias bem finas.

VOCÊ SABIA QUE...

O filósofo grego Aristóteles acreditava que a perdiz tinha o canto límpido e claro porque comia alho-poró? O imperador romano Nero comia alho-poró para melhorar a voz e fazer boa figura quando cantava.

PRINCIPAIS NUTRIENTES ENCONTRADOS EM UM ALHO-PORÓ DE TAMANHO MÉDIO

Calorias	61
Gordura total	0,3 g
Proteína	1,5 g
Carboidrato	2,9 g
Fibra	1,8 g
Vitamina C	12 mg
Vitamina B_6	0,23 mg
Vitamina K	47 mcg
Folato	64 mcg
Cálcio	59 mg
Magnésio	28 mg

Alho-poró com molho de soja

SERVE 6 (P)(F)(D)(C)(A)

450 g de alho-poró
12 espigas de milho baby
6 cebolinhas verdes, inclusive a parte branca
3 colheres de sopa de óleo de amendoim ou de óleo vegetal
2⅓ xícaras de acelga chinesa, cortada em tiras
4 colheres de sopa de molho de soja

Preparo

1 Com uma faca afiada, corte o alho-poró em fatias, corte as espigas de milho ao meio e as cebolinhas em fatias bem finas.
2 Aqueça o óleo de amendoim em uma frigideira wok ou em uma frigideira grande até começar a soltar um pouco de fumaça.
3 Junte o alho-poró, a acelga e o milho.
4 Refogue em fogo alto por cerca de 5 minutos ou até que as bordas dos legumes comecem a dourar.
5 Adicione as cebolinhas e mexa bem.
6 Acrescente o molho de soja e continue a refogar por mais 2 minutos, ou até que o molho aqueça e os legumes fiquem bem envoltos pelo molho.
7 Transfira o refogado de legumes e o molho para pratos ou tigelas individuais aquecidos e sirva imediatamente.

26 ALCACHOFRA DE JERUSALÉM

Essa raiz comestível é uma das fontes mais ricas de inulina, fibra que ajuda a manter uma boa saúde digestiva.

A inulina, fibra vegetal presente em mais de 36.000 vegetais em todo o mundo, é encontrada em sua mais alta concentração na alcachofra de Jerusalém. A chicória é a segunda da lista, seguida pelo alho e pelo alho-poró. Atualmente, a inulina extraída da alcachofra e da chicória é adicionada a muitos alimentos porque acredita-se que a fibra prebiótica tem papel tão importante quanto o da fibra probiótica no bom funcionamento do sistema digestivo e na preservação da juventude. Como não é digerida, a inulina limpa o sistema digestivo à medida que se movimenta, captando as toxinas responsáveis pelo envelhecimento que precisam ser eliminadas.

- Rica em tiamina (vitamina B1) e em niacina (vitamina B3), que produzem a energia necessária para restaurar as células e permanecer jovem.
- Contém uma combinação de fibras, vitamina C e potássio, que ajuda a baixar a pressão arterial e a controlar o colesterol.
- Fonte de ferro, necessário para levar oxigênio para todo o organismo e para rejuvenescer todo o corpo.

Dicas práticas:
A alcachofra de Jerusalém pode ser lisa ou nodosa. Evite as que apresentam brotos. À semelhança das batatas, podem ser consumidas com ou sem a casca; o teor de nutrientes se mantém intacto quando a casca é mantida. Perdem o sabor e a textura quando cozidas por muito tempo. O alto teor de inulina pode provocar gases.

VOCÊ SABIA QUE...

A alcachofra de Jerusalém não é uma alcachofra, tampouco originária de Jerusalém? É, na verdade, um tipo de margarida. Seu tubérculo comestível tem gosto semelhante ao da alcachofra, mas o motivo da referência geográfica é desconhecido.

PRINCIPAIS NUTRIENTES ENCONTRADOS EM ⅔ DE XÍCARA DE ALCACHOFRA DE JERUSALÉM

Calorias	73
Gordura total	0,01 g
Proteína	2 g
Carboidrato	17,44 g
Fibra	1,6 g
Vitamina C	4 mg
Vitamina B_1	0,2 mg
Vitamina B_3	1,3 mg
Ferro	3,4 mg
Potássio	429 mg

Espetinho de legumes com homus de alcachofra de Jerusalém

SERVE 4 (D) (C)

8 minicebolas
8 cogumelos paris ou portobello
2 abobrinhas italianas amarelas, cortadas em fatias grossas
2 pimentões vermelhos, sem sementes e cortado em quadrados
1 berinjela pequena, cortada em pedaços
1 batata-doce, sem a casca, cortada em pedaços
2 colheres de sopa de azeite de oliva
Suco de 1 limão
1 ramo de alecrim fresco, sem as folhas, bem picado

Homus

350 g de alcachofras de Jerusalém
1 colher de sopa de azeite de oliva extravirgem
1 colher de sopa de manteiga
¾ de xícara de leite
1¼ xícara de grão-de-bico cozido ou em lata, sem o caldo
1 colher de chá de cominho em pó
2 colheres de sopa de suco de limão
1 dente de alho, espremido
Pimenta

Preparo

1 Coloque oito espetinhos de madeira de molho em água fria por 30 minutos e escorra. Monte os espetos colocando quantidades iguais de legumes em cada um. Transfira para uma travessa rasa, não metálica. Em uma tigela à parte, misture o azeite, o suco de limão e o alecrim. Regue os espetinhos com esse molho. Cubra e deixe marinar, em temperatura ambiente, por 30 minutos.

2 Prepare o homus: cozinhe as alcachofras de Jerusalém em água fervente por 5 minutos ou até ficarem macias. Escorra e coloque em um processador ou liquidificador. Junte o azeite, a manteiga e o leite e bata até obter um creme liso. Adicione o grão-de-bico, o cominho, o suco de limão e o alho. Tempere com pimenta a gosto e bata novamente. Transfira para uma tigela ou prato de servir.

3 Preaqueça uma chapa ou grelha em temperatura média. Disponha os espetinhos sobre a chapa e grelhe por 15 minutos, até que os legumes fiquem macios e dourados, virando várias vezes.

4 Sirva acompanhado do homus.

27 SAUERKRAUT

Repolho cortado em tiras finas, fermentado com uma bactéria benéfica para a saúde. É tido como alimento altamente nutritivo, que combate o envelhecimento.

Faz parte de um grupo de alimentos fermentados que ajudam a manter a juventude do sistema digestivo, fortalecendo cerca de 1 a 1,5 kg de bactérias probióticas que revestem as paredes do trato digestivo e de outras membranas mucosas, como a garganta. É a primeira linha de defesa imunológica contra bactérias, fungos e vírus. Regulam o ambiente intestinal, solucionando problemas de diarreia e constipação, prevenindo contra distúrbios inflamatórios e assegurando que as reações imunológicas ocorram apenas em resposta a ameaças genuínas e não a agentes inofensivos, como os alimentos.

- Contém alto teor de glutamina, aminoácido encontrado no músculo, importante para manter a juventude dos movimentos e da força.
- Conserva todos os benefícios para a saúde encontrados no repolho, sua matéria-prima. Assim como a couve-de-bruxelas e o brócolis, contém elementos químicos sulfurosos, desintoxicantes e revitalizantes.
- O líquido do sauerkraut auxilia na respiração. Uma boa quantidade de oxigênio para reabastecer as células do corpo é fator essencial para permanecer jovem.

Dicas práticas:
O ácido láctico do sauerkraut pode trazer algum desconforto. Comece consumindo pequenas quantidades, para ajudar a controlar o desequilíbrio bacteriano do trato digestivo. A acidez característica do sauerkraut combina bem com carnes, queijos e saladas.

VOCÊ SABIA QUE...

Antes de a Marinha Real adotar o limão como preventivo contra escorbuto, o navegador britânico Capitão James Cook levava sauerkraut em suas viagens devido ao alto teor de vitamina C? O sabor característico do sauerkraut é resultante da bactéria do ácido láctico.

PRINCIPAIS NUTRIENTES ENCONTRADOS EM ½ XÍCARA DE SAUERKRAUT (COM O LÍQUIDO)

Calorias	19
Gordura total	0,14 g
Proteína	0,9 g
Carboidrato	4,3 g
Fibra	2,9 g
Vitamina C	15 mg
Vitamina B_6	0,13 mg
Ferro	1,5 mg

Salada de sauerkraut com frango

SERVE 4 (P)(F)(D)(A)

400 g de sauerkraut em lata, escorrido e enxaguado
2 maçãs vermelhas pequenas
1 cenoura, cortada em tiras finas
450 g de peito de frango caipira cozido, sem pele e sem osso

Molho

⅓ de xícara de iogurte natural
1 colher de chá de mel de boa procedência
Sal e pimenta

Preparo

1 Transfira o sauerkraut para uma travessa ou prato de servir. Tire as sementes das maçãs e corte em pedaços pequenos. Misture ao sauerkraut.

2 Acrescente as cenouras e reserve algumas tiras para decorar. Corte o peito de frango em fatias finas e misture com a salada.

3 Prepare o molho: misture o iogurte com o sal, a pimenta e o mel. Tempere a salada com o molho, misturando bem. Cubra e leve à geladeira por 30 minutos. Decore com as tiras de cenoura e sirva.

28 BRÓCOLIS DE FLORETE ROXO

Com floretes roxos e caules longos, esta variedade contém os mesmos benefícios para a saúde que as variedades verdes, e ainda vem com um bônus do antioxidante proantocianidina.

A proantocianidina, responsável pela coloração roxa, é o mesmo polifenol protetor encontrado nas frutas vermelhas e roxas da família das amoras, que melhora a circulação e aumenta o brilho da pele, além de proteger artérias e veias. Contém isotiocianato, composto sulfúrico que dá o sabor característico dos vegetais da família das crucíferas, que tem efeito positivo em pessoas com predisposição genética para câncer pulmonar. Além disso, contém sulforafano, outro composto sulfúrico, que aciona as enzimas naturais responsáveis pela desintoxicação.

- Contém o cálcio pectato, uma fibra vegetal rara que detém o colesterol no fígado, limitando sua liberação para a corrente sanguínea.
- Fonte de cromo, mineral traço que ajuda o hormônio insulina a levar açúcar da corrente sanguínea para as células, e, assim, auxilia a prevenir o diabetes em adultos.
- Contém vitamina C e os carotenoides betacaroteno e luteína, que fornecem proteção antioxidante adicional para a pele.
- Contém vitamina B5, necessária para liberar energia dos alimentos de origem vegetal, que combate o envelhecimento.

Dicas práticas:
Cozinhe rapidamente, de preferência no vapor, para garantir que ficará crocante. Por ser fino, o talo também pode ser usado, ao contrário de outras variedades de brócolis de talo mais grosso.

VOCÊ SABIA QUE...

Apesar de ter adquirido fama há apenas 30 anos, o brócolis de florete roxo é a mais antiga variedade de brócolis? É cultivado desde a época do Império Romano.

PRINCIPAIS NUTRIENTES ENCONTRADOS EM 100 G DE BRÓCOLIS DE FLORETE ROXO

Calorias	34
Gordura total	0,37 g
Proteína	2,82 g
Carboidrato	6,64 g
Fibra	2,6 g
Vitamina C	89,2 mg
Vitamina B_5	0,57 mg
Cálcio	47 mg
Betacaroteno	361 mcg
Luteína/zeaxantina	1,121 mcg

Brócolis roxo com alho e pimenta

SERVE 4 (P)(D)(M)(C)(A)

500 g de brócolis de florete roxo
3 colheres de sopa de azeite de oliva
2 dentes de alho, bem picados
1 pimenta vermelha média, sem sementes e bem picada
Suco de 1 limão
Sal e pimenta

Preparo

1. Corte as pontas dos caules do brócolis, se necessário. Cozinhe em água fervente ou no vapor por 2 minutos. Escorra e seque bem com toalhas de papel ou com um pano de prato limpo.
2. Aqueça o azeite em uma frigideira, em fogo médio. Adicione o brócolis e refogue por 2 minutos, virando 1 ou 2 vezes.
3. Junte o alho e a pimenta. Refogue por mais 1 minuto ou até que o brócolis fique ligeiramente macio.
4. Tempere com um pouco de sal e bastante pimenta. Misture o suco de limão e sirva.

29 COGUMELO SHITAKE

Nativo do Japão, Coreia, China e Tailândia, tem uso medicinal antigo e tradicional nesses países, graças, principalmente, ao seu poder de melhorar a vitalidade e a imunidade.

O shitake já demonstrou possuir propriedades conhecidas como "modeladoras da imunidade" e, por isso, é usado como suplemento. Ele não só melhora como também regula a imunidade, fazendo com que as reações imunológicas se tornem mais adequadas. Ajuda a reduzir sensibilidades e intolerâncias que causam inflamações, inchaços e problemas de pele, principalmente aqueles relacionados com a idade avançada. Destrói vírus invasores e bactérias nocivas e pode melhorar a capacidade de lutar contra esses organismos, inclusive contra o vírus da gripe, antes que se instalem no organismo. A substância lentinana, extraída do shitake, é usada no tratamento de câncer e ministrada intravenosamente em alguns países.

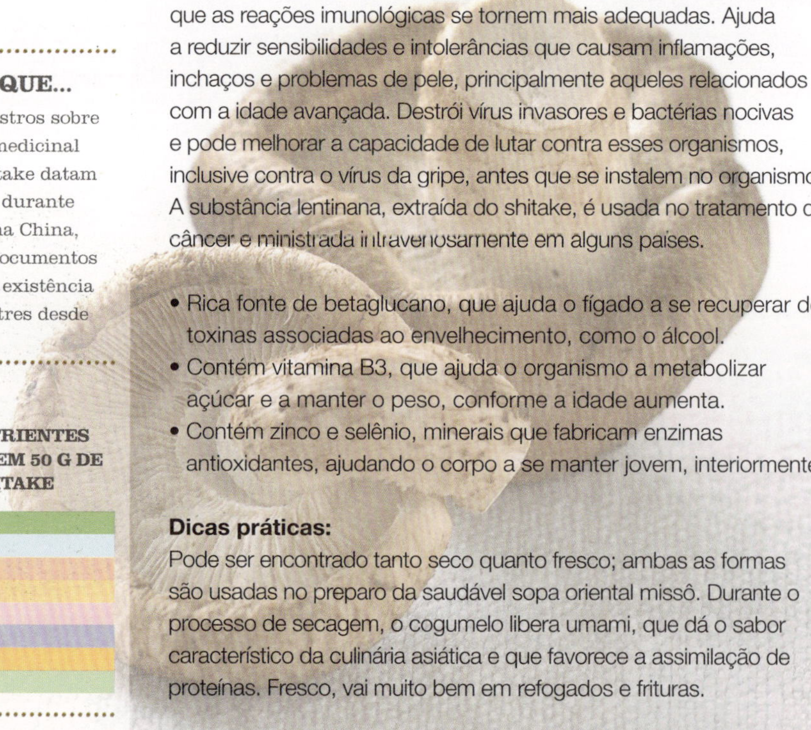

- Rica fonte de betaglucano, que ajuda o fígado a se recuperar de toxinas associadas ao envelhecimento, como o álcool.
- Contém vitamina B3, que ajuda o organismo a metabolizar açúcar e a manter o peso, conforme a idade aumenta.
- Contém zinco e selênio, minerais que fabricam enzimas antioxidantes, ajudando o corpo a se manter jovem, interiormente.

Dicas práticas:
Pode ser encontrado tanto seco quanto fresco; ambas as formas são usadas no preparo da saudável sopa oriental missô. Durante o processo de secagem, o cogumelo libera umami, que dá o sabor característico da culinária asiática e que favorece a assimilação de proteínas. Fresco, vai muito bem em refogados e frituras.

VOCÊ SABIA QUE...

Os primeiros registros sobre o cultivo e o uso medicinal de cogumelos shitake datam de 960-1127 d.C., durante a dinastia Song, na China, embora existam documentos que mencionem a existência de shitakes silvestres desde 199 d.C.?

PRINCIPAIS NUTRIENTES ENCONTRADOS EM 50 G DE COGUMELOS SHITAKE

Calorias	17
Gordura total	0,25 g
Proteína	1,12 g
Carboidrato	3,4 g
Fibra	1,3 g
Vitamina B_3	1,9 mg
Selênio	2,9 mg
Zinco	0,51 mg

Sushi de shitake fresco

RENDE 10 PEDAÇOS (P) (D) (C) (A)

1 xícara de arroz branco japonês
¾ de xícara de água
1 colher de sopa de moho de soja japonês ou tamari
10 cogumelos shitake frescos, sem os caules
½ folha de alga nori, torrada

Para acompanhar
Molho de soja japonês
Gengibre em conserva
Wasabi em pasta

Preparo

1 Faça o arroz do sushi: enxágue o arroz em água fria, várias vezes, até limpar bem. Coloque em uma panela, junte os ¾ de xícara de água e deixe levantar fervura. Diminua a chama e cozinhe em fogo bem brando, até evaporar a água.

2 Pincele os cogumelos com o molho de soja e grelhe em uma chapa preaquecida por 1-2 minutos de cada lado ou até ficar macio.

3 Corte a alga nori em 10 tiras de cerca de 1 cm de largura e 7,5 cm de comprimento.

4 Umedeça um molde para sushi. Preencha cada parte do molde com o arroz cozido, pressionando levemente nas laterais. Aperte a tampa do molde e vire sobre uma tábua de cortar. Repita até montar 10 blocos de arroz.

5 Se preferir, molde cada sushi com as mãos. Molde uma porção de arroz do tamanho de uma bola de golfe e pressione até obter uma forma alongada. Faça 10 blocos e disponha sobre uma tábua de cortar.

6 Coloque 1 cogumelo grelhado sobre cada bloco de sushi. Prenda com uma tira de nori, enfiando as pontas debaixo do arroz. Sirva acompanhado do molho de soja, da conserva de gengibre e do wasabi em pasta.

30 RABANETE

Uma das mais nutritivas raízes comestíveis, há muito tempo o rabanete é usado para manter a aparência jovem e controlar o peso.

Um dos usos medicinais do rabanete é no controle de distúrbios da tireoide. O rabanete contém rafanina, substância química que, segundo estudos, regula a glândula tireoide, ajustando a produção de seus hormônios. Hipotireoidismo é comum em idade avançada, quando a tireoide passa a trabalhar mais lentamente, ocasionando aumento de peso, mãos frias e fadiga. O rabanete contém um bom teor de molibdênio, mineral traço que ajuda a equilibrar o nível de açúcar no sangue, auxiliando a tireoide a controlar o peso e o gasto de energia.

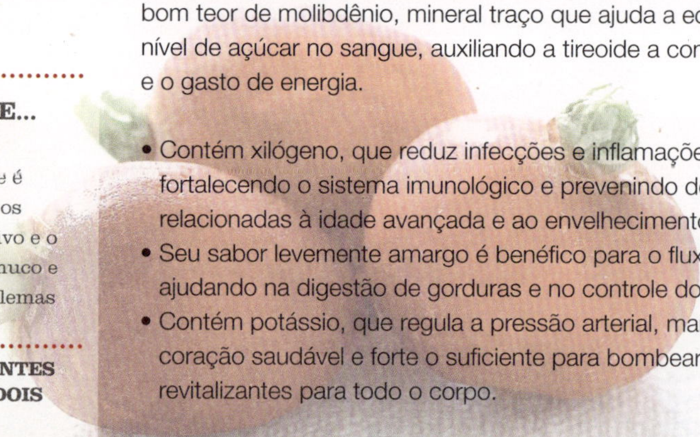

- Contém xilógeno, que reduz infecções e inflamações, fortalecendo o sistema imunológico e prevenindo doenças relacionadas à idade avançada e ao envelhecimento prematuro.
- Seu sabor levemente amargo é benéfico para o fluxo da bile, ajudando na digestão de gorduras e no controle do colesterol.
- Contém potássio, que regula a pressão arterial, mantendo o coração saudável e forte o suficiente para bombear nutrientes revitalizantes para todo o corpo.

Dicas práticas:

Pode ser usado em saladas cruas e também em sucos. Para aliviar a congestão nasal, faça um suco com seis rabanetes, um pepino e uma maçã. O daikon, nabo usado na culinária japonesa e também conhecido como rabanete do inverno, pode ser consumido cru, cortado em tiras bem finas e longas, como ingrediente de saladas ou acompanhamento de sushis e sashimis.

VOCÊ SABIA QUE...

Na medicina chinesa tradicional, o rabanete é usado para fortalecer os rins, o sistema digestivo e o fígado, para reduzir muco e aliviar sinusite e problemas de garganta?

PRINCIPAIS NUTRIENTES ENCONTRADOS EM DOIS RABANETES

Calorias	2
Gordura total	0 g
Proteína	0,06 g
Carboidrato	0,30 g
Fibra	0,2 g
Vitamina C	1,4 mg
Folato	2 mcg
Potássio	20 mg
Cálcio	2 mg

Salada de rúcula, rabanete e batatinhas

SERVE 4 (D) (C) (A)

500 g de batatas pequenas e tenras, cortadas ao meio
8 rabanetes, cortados em fatias finas
1 cebola roxa pequena, cortada em fatias finas
1 ½ xícara de folhas de rúcula

Molho

⅔ de xícara de iogurte natural
2 colheres de sopa de leite
3 pepinos em conserva, escorridos e bem picados
2 colheres de sopa de dill (endro) fresco picado
Sal e pimenta

Preparo

1 Cozinhe as batatas em água fervente ligeiramente salgada por 12-15 minutos, até ficarem macias. Escorra e deixe esfriar. Transfira para uma travessa e acrescente os rabanetes.

2 Faça o molho: com um batedor manual ou garfo, bata o iogurte e o leite, até obter um creme liso. Misture os pepinos e o dill (endro) e tempere com sal e pimenta a gosto.

3 Tempere as batatas e os rabanetes com o molho e mexa bem. Misture as cebolas e as folhas de rúcula. Sirva em seguida.

31 MORANGA

A moranga contém alfa e betacaroteno e luteína, poderosos nutrientes de ação antienvelhecimento que protegem a pele contra danos causados por raios solares.

Os carotenoides solúveis em gordura são necessários para proteger as partes gordurosas da pele, coração, olhos, cérebro e fígado. Por ser um legume facilmente encontrado, mesmo em épocas mais frias, a moranga pode oferecer proteção quando esta é mais exigida. A ingestão de gordura é mais necessária no inverno, para aquecer o corpo e para usar como energia nos meses mais frios. As sementes da abóbora-moranga são particularmente ricas em nutrientes; já a polpa contém ácido málico – também encontrado em maçãs e ameixas – necessário para a renovação e restauração das células do corpo. Combinado aos carotenoides, ajuda a manter a pele firme, os ossos fortes e os órgãos jovens e saudáveis.

- Contém fitoesteróis, necessários para o bom funcionamento do sistema imunológico e para controlar o colesterol.
- Contém vitamina B2, que ativa o folato; e vitamina B6, que processa gorduras e proteínas dos alimentos para reparar e rejuvenescer os tecidos e as membranas mucosas do organismo.
- Contém vitamina E, que estimula a fertilidade e mantém a aparência jovem da pele.

Dicas práticas:
Como outras variedades de abóbora, a moranga pode ser cozida em água fervente ou no vapor, assada ou tostada, usada em pratos doces e salgados.

VOCÊ SABIA QUE...

Pumpkin, moranga em inglês, vem do grego *peponi*, que significa "melão grande"? Os franceses a chamavam de *pompom* e os britânicos adotaram *pumpion*, e mais tarde passaram a usar a palavra americana, pumpkin.

PRINCIPAIS NUTRIENTES ENCONTRADOS EM ¾ DE XÍCARA DE MORANGA CORTADA EM CUBOS

Calorias	13
Gordura total	0,1 g
Proteína	1 g
Carboidrato	6,5 g
Fibra	0,5 g
Vitamina C	9 mg
Vitamina E	1,06 mg
Vitamina B_2	0,11 mg
Vitamina B_5	0,06 mg
Folato	16 mcg
Betacaroteno	3.100 mcg
Luteína/zeaxantina	1.500 mcg
Fitoesteróis	12 mg

Moranga e cenoura com curry

SERVE 4 (P) (F) (C) (A)

⅔ de xícara de caldo de legumes com pouco sal
Um pedaço de 2,5 cm de galangal fresco, cortado em fatias*
2 dentes de alho picados
1 talo de erva-cidreira ou capim-limão (parte branca), picado
2 pimentas vermelhas, sem sementes e picadas
4 cenouras, sem a casca, cortadas em pedaços
225 g de moranga, sem casca e sem sementes
2 colheres de sopa de óleo de amendoim ou de coco
2 minicebolas, bem picadas
3 colheres de sopa de curry tailandês amarelo, em pasta
1¾ xícara de leite de coco
4-6 raminhos de manjericão tailandês fresco
2 colheres de sopa de sementes de abóbora torradas e descascadas, para decorar

* Galangal ou galanga, é também conhecido como gengibre do Laos ou gengibre tailandês. Substitua pelo gengibre comum, caso não encontre.

Preparo

1 Ferva o caldo em uma panela. Junte o galangal, metade do alho, a erva-cidreira e as pimentas. Cozinhe por 5 minutos. Acrescente a moranga e a cenoura e cozinhe em fogo brando por 5-6 minutos, ou até ficarem macias.

2 Aqueça o óleo em uma frigideira wok ou frigideira comum grande e refogue as minicebolas e o restante do alho por 2-3 minutos. Adicione o curry em pasta e refogue por 1-2 minutos.

3 Junte essa mistura às cenouras e à abóbora e misture o leite de coco e o manjericão tailandês. Cozinhe em fogo brando por 2-3 minutos. Salpique as sementes de abóbora e sirva em seguida.

32 PEPINO

Da mesma família das abóboras, é usado para controlar a temperatura interna e externa do corpo, reduzindo inflamações e acelerando a restauração da pele.

O teor elevado de água faz do pepino um poderoso hidratante, que previne a pele seca e evita o aparecimento de rugas, além de ajudar a eliminar as toxinas responsáveis pelo envelhecimento. É alimento recomendado em dietas alimentares que combatem a hipertensão, pois é rico em potássio, magnésio e fibras, mantendo o equilíbrio dos líquidos no organismo e que ajuda a reduzir, naturalmente, a pressão arterial. A vitamina C e o ácido cafeico também auxiliam na eliminação do excesso de líquido, pois tanto um quanto o outro auxiliam a prevenir contra a retenção de líquido.

- Fonte de sílica, um mineral traço necessário para uma pele saudável.
- O suco de pepino traz alívio para sintomas de distúrbios reumáticos e ajuda a preservar a juventude e a saúde das articulações.
- Contém molibdênio, mineral traço necessário para manter ossos e dentes fortes e saudáveis.

Dicas práticas:
Pepino combina bem com outros legumes e com frutas. Use com a casca tanto em sucos quanto em saladas. Seu suco pode ser aplicado diretamente em queimaduras, cortes e outras alterações de pele para alívio imediato. O pepino em pasta, batido no liquidificador ou processador com abacate, pode ser usado como máscara facial rejuvenescedora. Fatias colocadas diretamente sobre os olhos atenuam olheiras e inchaço das pálpebras inferiores.

VOCÊ SABIA QUE...

A temperatura dentro de um pepino pode chegar a 6,6°C abaixo da temperatura externa?

PRINCIPAIS NUTRIENTES ENCONTRADOS EM 1 XÍCARA DE PEPINO CORTADO EM FATIAS

Calorias	16
Gordura total	0,11 g
Proteína	0,65 g
Carboidrato	3,63 g
Fibra	0,5 g
Vitamina C	2,8 mg
Vitamina B_5	0,26 mg
Magnésio	13 mg
Potássio	147 mg
Sílica	Traços
Molibdênio	Traços

Vitamina de pepino

SERVE 1 (P)(F)(C)(A)

½ pepino
2 maçãs
1 xícara de coentro fresco, folhas e caules

Preparo

1 Corte algumas tiras fins de pepino e reserve. Passe na centrífuga as maçãs, o coentro e o pepino. Transfira para um copo, decore com as tiras de pepino e sirva.

33 COGUMELO MAITAKE

Bastante usado na medicina japonesa e chinesa, o maitake tem entre as suas aplicações mais tradicionais o tratamento para longevidade e rejuvenescimento.

Estudos e pesquisas comprovaram a crença popular de que o maitake mantém a saúde do coração, ajudando a controlar a pressão arterial, a baixar os triglicérides e a diminuir os níveis do colesterol "ruim" LDL. O maitake controla a gordura no organismo, inclusive as do fígado e do cérebro, agindo positivamente sobre a perda de peso. Esse cogumelo tem a propriedade de regular a glucose e a insulina, nivelando as taxas de açúcar no sangue e controlando o apetite, a compulsão por alimentos e os níveis de energia. Podem ser consumidos sob a forma de suplementos para garantir um aproveitamento completo de suas propriedades terapêuticas.

- Boa fonte – não animal – de vitamina D, necessária para manter os ossos saudáveis e uma aparência jovem, além de proteger contra muitas doenças associadas à idade avançada.
- Contém vitamina B3, necessária para o bom funcionamento do metabolismo e para a queima de calorias.
- Contém colina, uma vitamina do complexo B que auxilia o fígado a remover do organismo as toxinas responsáveis pelo envelhecimento.

Dicas práticas:

Todas as partes do cogumelo maitake são comestíveis. É mais comum encontrar o maitake seco. Antes de usar, deixe de molho em água morna até reidratar. Use em sopas, em refogados ou em cozidos, com o líquido no qual ficou de molho.

VOCÊ SABIA QUE...

Nativo do Japão e encontrado na América do Norte, onde cresce na base dos carvalhos, o maitake é um cogumelo muito grande, que pode atingir até 20 kg? É também conhecido como galinha dos bosques ou cabeça de carneiro.

PRINCIPAIS NUTRIENTES ENCONTRADOS EM 50 G DE COGUMELOS MAITAKE

Calorias	15,5
Gordura total	0,1 g
Proteína	0,97 g
Carboidrato	3,48 g
Fibra	1,4 g
Colina	25,5 mg
Vitamina D	590,5 UI
Vitamina B_3	3,3 mg

Fajitas* de cogumelo

SERVE 4 (P) (M) (C) (A)

2 colheres de sopa de azeite de oliva ou de óleo de amendoim
500 g de cogumelos variados (maitake, shitake e paris), cortados em fatias
1 cebola, cortada em fatias
1 pimentão vermelho, sem sementes e cortados em rodelas
1 pimentão amarelo, sem sementes e cortado em rodelas
1 dente de alho espremido
¼ a ½ colher de chá de pimenta caiena
Suco e raspas de 2 limões
1 colher de chá de orégano seco
8 tortilhas
Sal e pimenta
Molho pronto para tacos ou molho de tomates em pedaços, bem picante, para acompanhar
Gomos de limão, para acompanhar

Preparo

1 Aqueça o azeite ou o óleo em uma frigideira grande, de fundo grosso. Junte os cogumelos, a cebola, os pimentões e o alho e frite por 8-10 minutos, até que os legumes estejam cozidos.

2 Acrescente a pimenta caiena, o orégano, o suco e as raspas de limão. Tempere com sal e pimenta a gosto e refogue por mais 2 minutos.

3 Aqueça as tortillas, de acordo com as instruções da embalagem. Divida o refogado de cogumelos entre as tortillas, enrole e sirva com o molho e os gomos de limão.

* Panquecas à moda mexicana.

34 ERVA-DOCE

Seu aroma vem do anetol, substância química que reduz inflamações associadas ao envelhecimento e protege o fígado contra toxinas que provocam rugas e manchas na pele.

A erva-doce pertence à família das umbelíferas, a mesma da salsinha, da cenoura, do dill e do coentro, e há muito tempo é conhecida como planta medicinal. Tradicionalmente, é usada para aliviar sintomas de gases durante a digestão, para diminuir a retenção de líquido, agindo como diurético, e para baixar a pressão arterial. Contém vários compostos com ação antioxidante, incluindo dois dos mais poderosos: rutina e quercetina. A rutina ajusta as veias para prevenir varizes e aliviar hematomas, melhorando a circulação, além de atuar como anti-inflamatório.
A quercetina ajuda a prevenir doenças cardíacas, problemas respiratórios e câncer, além de atuar como anti-histamínico, minimizando as reações alérgicas.

- Conhecido estimulante, a quercetina desperta o entusiasmo e o vigor sem provocar queda de energia.
- Contém potássio, o que mantém o cérebro e os nervos musculares em estado de atenção e prontos para reagir rapidamente.
- Contém vitamina C, que auxilia na cicatrização e ajuda na produção de hormônios antiestresse, estimulando uma aparência jovem.

Dicas práticas:
Pode ser consumida de várias maneiras: crua e fatiada, em saladas; refogada na manteiga, assada ou cozida; combina bem com peixes. Tem sabor pungente, que estimula o apetite. Retire o talo mais escuro e corte a base, mais dura, antes de usar.

VOCÊ SABIA QUE...

Na Índia, é comum mastigar sementes de erva-doce após as refeições, para auxiliar a digestão e afastar o mau hálito causado por distúrbios digestivos?

PRINCIPAIS NUTRIENTES ENCONTRADOS EM MEIA ERVA-DOCE

Calorias	12
Gordura total	Traços
Proteína	0,9 g
Carboidrato	1,8 g
Fibra	2,4 g
Vitamina C	5 mg
Folato	42 mcg
Potássio	440 mg

Pargo com erva-doce e molho de tomate

SERVE 4 (P)(F)(D)(M)(C)(A)

4 filés de pargo, com a pele, pesando cerca de 175 g cada um
2 colheres de sopa de azeite de oliva
Sal e pimenta
Raminhos de salsinha, para decorar

Erva-doce assada

4 bulbos de erva-doce
Suco de ½ limão
6 colheres de sopa de azeite de oliva

Molho de tomate amanteigado

8 tomates maduros grandes
1 colher de sopa de azeite de oliva
5 colheres de sopa de manteiga, cortada em cubos

Preparo

1 Preaqueça o forno a 200ºC. Prepare a erva-doce: corte o bulbo no sentido do comprimento e coloque em uma travessa refratária. Regue com o suco de limão. Tempere com sal e pimenta a gosto e regue com o azeite. Cubra com papel-alumínio e asse por 30 minutos, ou até ficar macia. Retire do fogo, remova o papel-alumínio e asse por mais 10 minutos.

2 Enquanto assa, prepare o molho de tomate: bata os tomates em um processador até obter um purê. Peneire em uma panela. Aqueça em fogo baixo, misture o azeite de oliva e reserve.

3 Pincele os filés com um pouco de azeite de oliva e tempere com um pouco de sal e pimenta. Aqueça o restante do azeite na temperatura média, em uma frigideira ou panela rasa que possa ir ao forno. Junte os filés de peixe, com a pele para baixo, e frite por 1 minuto. Vire os filés e frite por mais 1 minuto. Transfira para o forno e asse por 2-3 minutos.

4 Antes de servir, aqueça o molho de tomate em fogo baixo. Adicione a manteiga, um cubo por vez, mexendo vigorosamente, até misturar bem. Tempere com sal e pimenta a gosto.

5 Divida a erva-doce assada entre quatro pratos individuais aquecidos e cubra cada porção com um filé de peixe. Com uma colher, espalhe o molho em volta de cada porção e decore com a salsinha. Sirva imediatamente.

35 COUVE-FLOR

A couve-flor contém os mesmos compostos sulfúricos depuradores e rejuvenescedores encontrados em outros vegetais da família das brassicáceas, como a couve-de-bruxelas.

Um desses compostos, o sulforafano, ajuda a prevenir o diabetes em adultos e a destruir micróbios invasores, como bactérias e vírus. Também atua como antioxidante por meio das enzimas produzidas no fígado, ajudando a restaurar partes danificadas do organismo. Pesquisas indicam que essa substância fantástica ajuda a prevenir câncer e a retardar o crescimento de tumores, ao refrear a propagação das células cancerígenas e até mesmo ao destruí-las. Outro composto sulfúrico encontrado na couve-flor é o indol-3-carbinol, que, aparentemente, baixa o estrogênio, ajudando a prevenir câncer de mama e de próstata e a regular os hormônios femininos, estimulando a preservação da juventude em mulheres após a menopausa.

- Fonte de vitamina B6, usada para liberar a energia dos alimentos que consumimos para a pele e para a renovação óssea.
- Contém vitamina C, que ajuda o fígado a remover as toxinas nocivas do envelhecimento.
- As vitaminas C e B5 auxiliam as glândulas suprarrenais e ajudam a combater o estresse, importante fator para se manter jovem.

Dicas práticas:
Sirva os floretes crus, com pastas e molhos de maionese, ou em saladas. Cozinhe uma couve-flor inteira no vapor por cerca de 10 minutos. Se separar em floretes, cozinhe no vapor por cerca de 6 minutos. Não cozinhe demais, pois ficam com sabor e textura desagradáveis.

VOCÊ SABIA QUE...

A variedade roxa da couve-flor foi desenvolvida recentemente? É acrescida de protoantocianidia, pigmento de ação antioxidante benéfico para a saúde e bem-estar, também encontrado no brócolis de florete roxo.

PRINCIPAIS NUTRIENTES ENCONTRADOS EM ¾ DE XÍCARA DE FLORETES DE COUVE-FLOR

Calorias	25
Gordura total	0 g
Proteína	2 g
Carboidrato	5 g
Fibra	2,5 g
VitaminA C	46 mg
Vitamina B_5	0,65 mg
Vitamina B_5	0,22 mg
Folato	57 mcg

Couve-flor picante com alho e batatas

SERVE 4 (P) (D) (M) (C) (A)

350 g de batatas pequenas tenras
1 couve-flor pequena
2 colheres de sopa de azeite de oliva
1 colher de chá de sementes de mostarda, preta ou marrom
1 colher de chá de sementes de cominho
5 dentes de alho grandes, ligeiramente amassados e depois picados
1–2 pimentas-verdes frescas, bem picadas (sem sementes, se preferir)
½ colher de chá de cúrcuma em pó
½ colher de chá de sal, ou a gosto
2 colheres de sopa de folhas de coentro fresco

Preparo

1 Cozinhe as batatas com a casca em água fervente por 20 minutos, ou até ficarem macias. Escorra e deixe de molho em água fria por 30 minutos. Descasque (se preferir) e corte ao meio ou em quatro, de acordo com o tamanho – devem ficar do mesmo tamanho dos floretes de couve-flor (conforme a ilustração).

2 Enquanto espera, divida a couve-flor em floretes de cerca de 2,5 cm e cozinhe em água fervente, com um pouco de sal, por 3 minutos. Escorra, mergulhe em uma tigela com água gelada e escorra novamente.

3 Aqueça o azeite em uma panela, na temperatura média. Acrescente as sementes de mostarda e, em seguida, as sementes de cominho.

4 Retire do fogo e adicione o alho e as pimentas. Retorne ao fogo, baixo e refogue até dourar o alho.

5 Misture a cúrcuma, a couve-flor e a batata. Adicione sal, aumente o fogo e refogue, sem parar de mexer, até que todos os legumes tenham absorvido bem os temperos e estejam bem aquecidos.

6 Junte o coentro, retire do fogo e sirva em seguida.

36 ENDÍVIA

Seu sabor amargo é resultante de óleos, responsáveis pela absorção dos nutrientes necessários para a restauração de partes do organismo que ajudam a preservar a juventude.

Os sucos amargos da endívia estimulam a produção do líquido biliar pelo fígado, regulando o colesterol e ajudando a decompor as gorduras ingeridas. Além disso, favorecem a produção de outros líquidos digestivos, agindo como laxantes suaves, regulando o funcionamento dos intestinos e assegurando a eliminação de toxinas nocivas responsáveis pelo envelhecimento. A endívia também funciona como diurético, purificando os rins e ajudando a eliminar o excesso de líquido que provoca inchaço ao redor dos olhos, tornozelos, dedos, coxas e abdômen.

- Contém tirosina e fenilalanina, aminoácidos que ajudam a controlar o apetite e a compulsão por determinados alimentos.
- A tirosina também produz hormônios essenciais para manter a energia e para superar os efeitos do estresse, que podem ocasionar envelhecimento.
- Contém vitamina K, benéfica para os ossos e para o coração.
- Contém folato e betacaroteno, que mantêm a aparência da pele saudável e jovem.

Dicas práticas:
A endívia pertence à família da chicória, como a escarola e o radicchio. Todos têm sabor amargo muito semelhante, que enriquece saladas e sopas.

VOCÊ SABIA QUE...

A endívia, originária de regiões do Mediterrâneo, começou a ser cultivada há cerca de 5.000 anos? Era parte da dieta de egípcios, gregos e romanos devido ao sabor e às suas propriedades medicinais.

PRINCIPAIS NUTRIENTES ENCONTRADOS EM 1 XÍCARA DE ENDÍVIAS PICADAS

Calorias	8,5
Gordura total	0,1 g
Proteína	0,63 g
Carboidrato	1,68 g
Fibra	1,5 g
Vitamina C	3,3 mg
Vitamina K	115,5 mg
Folato	71 mg
Betacaroteno	650 mcg
Tirosina	0,02 mg
Fenilalanina	0,03 mg

Salada de endívias com pêssegos e nozes

SERVE 4 (P)(F)(D)(C)(A)

1 endívia crespa grande ou 2 pequenas
2 pêssegos maduros
½ xícara de nozes em pedaços
1 colher de sopa de cebolinha verde picada
2 colheres de sopa de cranberries (oxicocos) secos

Molho francês para saladas

3 colheres de sopa de azeite de oliva extravirgem
1 colher de sopa de vinagre de vinho branco
¼ de colher de chá de mel de boa procedência
¼ de colher de chá de mostarda Dijon
Sal e pimenta

Preparo

1 Separe as folhas de endívia e corte as maiores ao meio. Disponha sobre uma travessa ou sobre pratos ou tigelas individuais.
2 Prepare o molho: em uma tigela à parte, misture o azeite, o vinagre, o mel, a mostarda e os temperos.
3 Antes de servir, descasque, tire os caroços dos pêssegos e corte-os em gomos pequenos. Distribua os gomos sobre as endívias. Regue a salada com o molho. Salpique com os pedaços de nozes, as cebolinhas e os cranberries secos. Sirva em seguida.

37 ACELGA

A acelga é semelhante ao espinafre e às folhas de beterraba, com o mesmo sabor amargo e levemente salgado. Ajuda a controlar o apetite e a manter o peso.

A coloração verde-escura das folhas da acelga indica uma grande quantidade de proantocianidina, antioxidante protetor, excelente para a circulação e para a saúde do coração, ajudando a proteger contra veias varicosas. O folato e a vitamina C estimulam a restauração de veias e tecidos e previnem o envelhecimento prematuro. As folhas contêm cálcio e magnésio, que atuam juntos para fortalecer a saúde do coração e dos ossos. Também são conhecidos como "minerais tranquilizantes" porque acalmam o sistema nervoso e ajudam a prevenir ansiedade, depressão, pressão arterial alta e insônia, sintomas causados pelo estresse.

- Contém vitamina C e magnésio, que ajudam a prevenir doenças cardíacas e a manter o bom funcionamento do coração.
- Contém vitamina K, que ajuda a refrear a ação dos osteoclastos, células que decompõem os ossos, e a ativar a osteocalcina, que fixa o cálcio nos ossos, auxiliando na restauração e reparo.
- Possui propriedades depurativas que ajudam a estimular a pele macia e a prevenir contra a celulite.

Dicas práticas:
Quando bem tenras, as folhas de acelga podem ser consumidas cruas, em saladas. As folhas mais velhas têm gosto amargo mais forte e devem ser cozidas ou refogadas, para suavizar o sabor. Mantenha na geladeira dentro de um saco plástico ou cozinhe no vapor, resfrie rapidamente e congele.

VOCÊ SABIA QUE...

Ela é conhecida como acelga suíça mas não é nativa da Suíça? Foi chamada assim pelo botânico suiço Koch, no século XIX. É associada ao bom funcionamento das funções cerebrais e uma das verduras mais nutritivas.

PRINCIPAIS NUTRIENTES ENCONTRADOS EM 2 ¾ XÍCARAS DE ACELGA PICADA

Calorias	19
Gordura total	0,2 g
Proteína	1,8 g
Carboidrato	3,74 g
Fibra	1,6 g
Vitamina C	30 mg
Vitamina K	830 mcg
Folato	14 mcg
Cálcio	51 mg
Magnésio	81 mg

Trouxinhas de acelga com tamboril

SERVE 4 (P) (F) (D) (M) (C) (A)

500 g de acelga suíça higienizada
550 g de filé de tamboril cortado em pedaços
1½ colher de sopa de suco de limão
⅔ de xícara de iogurte natural ou coalhada fresca
2 gemas ligeiramente batidas
1 pitada de páprica
3 colheres de sopa de manteiga
½ xícara de vinho branco
Sal e pimenta

Preparo

1 Corte os talos das folhas de acelga e reserve. Cozinhe 8 folhas de acelga no vapor por 15 segundos, retire e estique sobre uma mesa ou bancada. Corte as folhas restantes em tiras.

2 Misture os pedaços de peixe, o suco de limão e 5 colheres de iogurte. Adicione as gemas, a páprica e tempere a gosto. Mexa bem.

3 Divida o peixe temperado entre as 8 folhas de acelga. Enrole, formando trouxinhas. Prenda com palitos ou amarre com barbante de cozinha.

4 Ferva água em uma panela e forre uma peneira metálica (apropriada para cozimento no vapor) com papel-manteiga. Disponha as trouxinhas sobre a peneira, em uma só camada. Tampe bem e cozinhe no vapor por 15-20 minutos, até ficarem macias.

5 Enquanto isso, pique os talos da acelga. Derreta a manteiga em uma frigideira, adicione os talos e refogue, em fogo baixo, por 10 minutos, ou até ficarem macios, mexendo de vez em quando. Acrescente o vinho branco e deixe levantar fervura.

6 Transfira os talos e o vinho para um liquidificador ou processador. Junte o restante do iogurte e bata até obter um creme liso. Coloque o creme em uma panela, adicione as folhas de acelga picadas e cozinhe em fogo brando até engrossar. Tempere a gosto.

7 Retire as trouxinhas de peixe do fogo. Descarte os palitos ou o barbante e transfira para uma travessa. Cubra com o molho e sirva imediatamente.

38 BATATA

A batata é rica em minerais necessários para um bom funcionamento do cérebro e dos músculos, mantendo o raciocínio e os movimentos sempre ágeis e saudáveis.

O alto teor de carboidratos da batata a coloca na primeira posição do Índice de Saciedade. Batatas cozidas saciam o apetite 3 vezes mais do que as batatas fritas e podem ajudar a controlar o compulsão por doces, alimentos pouco saudáveis que levam a um aumento de peso, principalmente em idades mais avançadas. Além disso, a batata fornece combustível para superar tanto a depressão quanto uma sessão de exercícios físicos, ajudando a regular a energia e o peso.

- Fonte de kukoaminas, também encontradas nas cerejas goji, que, combinadas ao alto teor de potássio, ajudam a baixar a pressão arterial.
- Contém vitamina B6, necessária para produzir o neurotransmissor ácido gama-aminobutírico (GABA), que ajuda a amenizar o estresse, preservando a juventude.
- Contém vitamina C, que protege as células nervosas e cerebrais sensíveis contra as toxinas, ajudando a manter o bom funcionamento do cérebro e a agilidade dos músculos.

Dicas práticas:

A maioria dos nutrientes encontrados na batata concentra-se sob sua casca, que é, também, rica em fibras. Quanto maiores e, portanto, mais velhas, mais alto o Índice Glicêmico das batatas – isso quer dizer que o açúcar contido nelas se espalha mais rapidamente pela corrente sanguínea, aumentando o nível de açúcar no sangue. Concluindo, é mais saudável consumir batatas novas e tenras, com a casca.

VOCÊ SABIA QUE...

A batata é o legume mais cultivado e consumido em todo o mundo? No entanto, devido ao alto teor de amido, deve ser excluída da lista das 5 frutas e legumes que devemos consumir por dia.

PRINCIPAIS NUTRIENTES ENCONTRADOS EM ⅔ DE XÍCARA DE BATATA PICADA

Calorias	77
Gordura total	0,1 g
Proteína	2 g
Carboidrato	19 g
Fibra	2,2 g
Vitamina C	20 mg
Vitamina B_6	0,25 mg
Potássio	421 mg

Salada quente de lentilhas com batatas tenras

SERVE 6 (F) (M) (C)

*½ xícara de lentilhas verdes francesas**

450 g de batatas pequenas, bem tenras

6 cebolinhas verdes, com a parte branca carnuda

1 colher de sopa de azeite de oliva extravirgem

2 colheres de sopa de vinagre balsâmico

Sal e pimenta

Preparo

1 Ferva água em uma panela grande.

2 Lave as lentilhas e cozinhe por 20 minutos, ou até ficarem macias. Escorra e reserve.

3 Enquanto cozinha as lentilhas, cozinhe as batatas em água fervente ou no vapor, até que fiquem bem macias. Escorra e corte ao meio.

4 Corte as cebolinhas em fatias bem finas.

5 Coloque as lentilhas, as batatas e as cebolinhas em uma travessa. Acrescente o azeite de oliva e o vinagre e misture bem. Tempere com bastante pimenta e sal a gosto.

* Lentilha puy, de cor esverdeada e grãos bem pequenos, proveniente de uma região de solo vulcânico na França. Tem sabor com um leve toque de nozes. Um pouco mais cara, porém mais saborosa. Encontrada em lojas de produtos gourmet.

39 BOK CHOY

A acelga chinesa, ou bok choy, pertence à mesma família do repolho, do brócolis, da couve e da couve-de-bruxelas e apresenta as mesmas propriedades protetoras e rejuvenescedoras.

Pesquisas desenvolvidas em Cingapura demonstraram que esses legumes, inclusive a acelga bok choy, reduzem em 30% o risco de câncer pulmonar em não fumantes e em surpreendentes 69% em fumantes. Além disso, a acelga bok choy fortalece e equilibra todos os aspectos da desintoxicação do fígado, fator de combate aos efeitos devastadores de estresse, poluição e de outros agentes causadores do envelhecimento. Contém teor de vitamina A mais elevado do que outras crucíferas e, portanto, protege o fígado contra danos associados ao envelhecimento e provocados pelo consumo de açúcar, álcool e medicamentos.

- Teor elevado de cálcio que mantém os ossos, dentes e articulações saudáveis e previne a osteoporose; além disso, conserva o coração saudável e melhora a função cerebral.
- Contém betacaroteno, que pode ser convertido em vitamina A e usado para combater toxinas responsáveis pelo envelhecimento.
- Contém vitamina C, que favorece a ação efetiva de outros antioxidantes, ajudando a proteger e restaurar a pele, os ossos, o cérebro e o coração, preservando a aparência e o espírito jovens.

Dicas práticas:
Usada em refogados e sopas, como a sopa oriental missô, a acelga bok choy cozinha mais rapidamente do que o repolho, além de ser mais suave. Quando se mantém crocante, fica mais saborosa.

VOCÊ SABIA QUE...

Bok choy, a acelga chinesa, quer dizer "legume branco" em chinês? Também existe a grafia pak choi. A variedade usada nos dias de hoje é semelhante à cultivada no século XIV.

PRINCIPAIS NUTRIENTES ENCONTRADOS EM 1 ½ XÍCARA DE BOK CHOY CORTADA EM TIRAS

Calorias	13
Gordura total	0,2 g
Proteína	1,5 g
Carboidrato	2,2 g
Fibra	1 g
Vitamina C	45 mg
Vitamina A	4,468 UI
Folato	66 mcg
Betacaroteno	2,681 mcg
Cálcio	105 mg
Magnésio	19 mg

Bok choy refogada

SERVE 6 (F) (D) (M) (C) (A)

2 colheres de sopa de azeite de oliva
2 dentes de alho grandes, cortados em fatias bem finas
675 a 900 g de bok choy, folhas separadas
Molho de peixe tailandês a gosto (ou molho de soja)
Pimenta

Preparo

1 Aqueça o azeite em uma frigideira wok, ou similar, na temperatura alta. Adicione o alho e refogue por 3 minutos, ou até dourar.

2 Junte a bok choy e refogue por 2-4 minutos. Tempere com o molho de peixe ou de soja e acrescente pimenta a gosto.

40 ALFACE ROMANA

É considerada uma verdura de folhas escuras. Sua folhagem contém folato, necessário para tornar a pele tão macia quanto a dos bebês.

Quanto mais escura, mais alto é o teor de folato encontrado na folha da alface romana e melhor será a renovação e regeneração da pele. O folato é responsável pela formação do DNA, material genético necessário para o crescimento das células. Estas são constantemente renovadas e substituídas durante toda a vida, processo que diminui com a idade. O folato é especialmente importante durante a gravidez; além disso, pode ajudar a prevenir o câncer cervical, problemas cardíacos e osteoporose. Favorece o sono restaurdador e o bom humor, ao liberar o neurotransmissor serotonina, que ajuda a controlar o apetite e a compulsão por doces, além de prevenir a gula, evitando aumento de peso.

- Contém carotenoides, antioxidantes que protegem a pele contra os danos causados pelos raios solares UV, como rugas e manchas escuras decorrentes da oxidação do calor.
- Contém fibras que eliminam as toxinas que impedem a regeneração das células e contribuem para o envelhecimento prematuro.
- O sabor levemente amargo, ao atingir a língua, estimula o suco gástrico, melhorando a digestão como um todo.

Dicas práticas:
A alface romana é geralmente usada em saladas, mas, por ter um talo grosso e mais firme, pode ser também usada em refogados. É um dos ingredientes principais da salada caesar e da culinária do Oriente Médio.

VOCÊ SABIA QUE...

Os veios das folhas externas da alface romana contêm um líquido leitoso, que lhe confere o sabor característico, levemente amargo, que lembra as ervas medicinais?

PRINCIPAIS NUTRIENTES ENCONTRADOS EM 2 XÍCARAS DE ALFACE ROMANA EM TIRAS

Calorias	17
Gordura total	0,3 g
Proteína	1,2 g
Carboidrato	3,3 g
Fibra	2,1 g
Vitamina C	24 mg
Folato	136 mcg
Cálcio	33 mg
Potássio	247 mg

Alface refogada com ervilhas

SERVE 4 (P)(F)(D)(C)(A)

1 colher de sopa de manteiga ou azeite de oliva
1 cebola pequena, picada
2 alfaces romanas
3½ xícaras de ervilhas frescas ou congeladas
¾ de xícara de caldo de galinha ou de legumes, com pouco sal
4 colheres de sopa de iogurte natural
Sal e pimenta

Preparo

1 Derreta a manteiga ou aqueça o azeite em uma panela rasa. Frite a cebola em fogo médio por cerca de 5 minutos, até ficar macia.
2 Remova folhas amareladas ou machucadas das alfaces e corte uma fatia fina das bases. Corte-as ao meio no sentido do comprimento e coloque-as, com o lado cortado para cima, sobre as cebolas. Espalhe as ervilhas em volta.
3 Tempere com sal e pimenta e cubra com o caldo. Tampe, diminua a chama e cozinhe em fogo brando por cerca de 10 minutos.
4 Misture o iogurte e cozinhe por mais 1 minuto até aquecer. Sirva.

41 VAGEM

Vagens, ervilhas e feijões são leguminosas, com alto teor de proteína.

O organismo precisa de proteínas de todos os tipos para desenvolver o trabalho contínuo de reconstrução da pele, dos ossos, dos dentes, do cabelo e das unhas. A baixa ingestão de proteínas resulta em uma pele opaca, cabelo sem brilho e unhas quebradiças. A proteína animal é ácida, enquanto a proteína vegetal, derivada das leguminosas, é mais alcalina, ideal para a desintoxicação, restauração e controle do metabolismo. Alimentos de origem vegetal são boas fontes de fibra, que ajudam a eliminar do organismo os resíduos nocivos, fortalecendo o sistema digestivo e garantindo uma absorção completa de nutrientes.

- Contém vitamina B6 e folato, que reduz os níveis de homocisteína no sangue, substância que pode aumentar o risco de doenças cardíacas.
- Contém vitaminas do complexo B, que liberam energia dos alimentos ingeridos e as transformam em combustível para a restauração das células. Sintomas dessa deficiência são pele e cabelos sem brilho, unhas quebradiças, lábios rachados, manchas, além de fadiga, ansiedade, insônia e depressão.
- Contém colina, que ajuda a remover depósitos de gordura do fígado e protege contra os efeitos nocivos do álcool.

Dicas práticas:
Prefira comprar a vagem solta. Escolha as mais macias ao toque, de cor verde brilhante e que fazem um estalido agradável quando quebradas ao meio. A vagem é um dos ingredientes principais da salada niçoise.

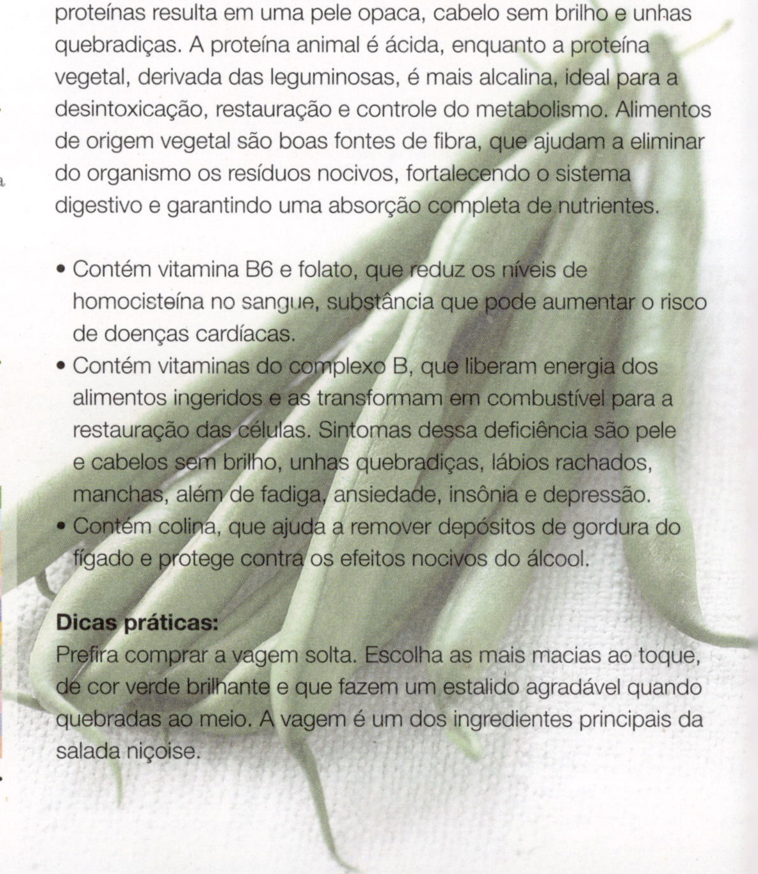

VOCÊ SABIA QUE...

A vagem é composta pela bainha (parte que envolve as sementes) e pelas sementes ou grãos do feijão ou da ervilha? Deve ser colhida antes que os frutos internos amadureçam.

PRINCIPAIS NUTRIENTES ENCONTRADOS EM 1 XÍCARA DE VAGEM, EM PEDAÇOS DE 2,5 CM

Calorias	31
Gordura total	0,1 g
Proteína	1,8 g
Carboidrato	7,1 g
Fibra	3,6 g
Vitamina C	16 mg
Vitamina B_2	0,6 mg
Vitamina B_3	0,8 mg
Vitamina B_5	21 mcg
Vitamina B_6	151 mg
Folato	25 mg
Colina	0,7 mg

Vagem com amêndoas e limão

SERVE 4 (P) (F) (D) (M) (C) (A)

500 g de vagem, com as pontas cortadas
1 limão
3 colheres de sopa de azeite de oliva
½ xícara de lascas de amêndoas
1 colher de chá de páprica doce em pó
Sal

Preparo

1 Ferva as vagens em água com um pouco de sal por 3-4 minutos, ou até ficarem macias porém firmes. Resfrie sob água corrente fria e seque bem, com um pano de prato limpo ou toalhas de papel.
2 Rale 2 colheres de chá de casca de limão, sem ralar a parte branca. Esprema o suco do limão.
3 Aqueça o azeite em uma frigideira grande e adicione as amêndoas. Frite em fogo de médio para alto, até começarem a dourar. Retire do fogo imediatamente, pois queimam com facilidade.
4 Misture as vagens, o rstante do azeite, as raspas e o suco de limão. Tempere com a páprica e uma pitada de sal. Coloque a frigideira em fogo médio e refogue por 1-2 minutos, até esquentar a vagem, sem parar de mexer. Sirva em seguida.

3

CARNES, PEIXES, LATICÍNIOS E OVOS

Estes são alimentos que compõem a base proteica de uma dieta diária bem balanceada, garantindo a renovação constante dos ossos e músculos. Uma escolha ampla e variada de proteína alimentar fornece as gorduras saudáveis necessárias para preservar a juventude e saúde do coração e do cérebro.

(P) Pele, cabelo e unhas
(F) Força e mobilidade
(D) Saúde digestiva e desintoxicação
(M) Saúde mental
(C) Saúde do coração
(A) Antioxidante facilitador da imunidade

42 CORDEIRO

A carne de cordeiro é boa fonte de energia, de boa qualidade e contém nutrientes importantes para o sistema imunológico.

A carne de cordeiro é rica nos antioxidantes minerais zinco e selênio, que produzem as enzimas do fígado, defesa poderosa contra os radicais livres, moléculas nocivas que danificam e provocam o envelhecimento de todas as partes do corpo, da pele até os órgãos internos. A coenzima Q-10, outro antioxidante encontrado no cordeiro, atua na proteção do coração e fornece energia para todo o corpo. Além disso, existem estudos que indicam que a coenzima Q-10 reduz a incidência de distúrbios cardíacos, doença de Alzheimer, doença de Parkinson, fadiga crônica, câncer de mama e gengivites.

- Fonte de proteína de boa qualidade, que age na restauração e reconstrução de células cansadas. Uma única porção fornece cerca de 60% da dose diária de proteínas.
- Contém vitaminas do complexo B que mantém a vitalidade em cada célula do corpo, ajudando a manter a aparência e o espírito jovem.
- Apesar do alto teor de gordura saturada, contém níveis benéficos de gorduras monoinsaturadas, boas para a saúde do coração.

Dicas práticas:

A carne de cordeiro, por ser vermelha, tem teor de gordura saturada mais elevado do que o das carnes brancas, mas consumir ocasionalmente já é suficiente para aproveitar todos os benefícios que oferece. Escolha as bistecas, que são opções mais saudáveis. Hamburguer de carne de cordeiro também é uma boa alternativa para o feito com carne de boi e vai bem com damascos e ameixas secas, combinação usada na culinária do Oriente Médio.

VOCÊ SABIA QUE...

A carne de cordeiro e de carneiro não têm o mesmo sabor, nem a mesma consistência ou cor? Cordeiro é um animal novo, com menos de um ano. Depois de 2 anos, quando o animal desenvolve os dentes caninos incisivos, passa a ser chamado de carneiro.

PRINCIPAIS NUTRIENTES ENCONTRADOS EM 100 G DE CORDEIRO

Calorias	229
Gordura total	16,97 g
Gordura saturada	8,18 g
Gordura monoinsaturada	62,5 g
Proteína	5,1 g
Carboidrato	3,5 mg
Fibra	628 mg
Vitamina B_2	92 mg
Vitamina B_3	74 mg
Vitamina B_5	0,56 mg
Vitamina B_6	0,34 mg
Vitamina B_{12}	2,47 mg
Ferro	1,43 mg
Zinco	3,67 mg
Selênio	7,5 mg

Cordeiro grelhado com molho de iogurte e ervas

SERVE 4 (P) (F) (M) (C) (A)

2 colheres de sopa de azeite de oliva, mais a quantidade para grelhar
1 colher de sopa de extrato de tomate
½ colher de sopa de cominho em pó
1 colher de chá de suco de limão
1 dente de alho, espremido
1 pitada de pimenta caiena
500 g de paleta de cordeiro, limpa, com o excesso de gordura removido, e cortada em fatias
Sal e pimenta
Sementes de gergelim ligeiramente tostadas e raminhos de salsinha fresca para decorar

Molho

2 colheres de sopa de suco de limão fresco
1 colher de chá de mel de boa qualidade
⅓ de xícara de coalhada fresca
2 colheres de sopa de hortelã fresca bem picada
2 colheres de sopa de salsinha fresca picada
1 colher de sopa de cebolinha fresca bem picada
Sal e pimenta

Preparo

1 Em uma tigela não metálica, misture 2 colheres de sopa de azeite de oliva, extrato de tomate, cominho em pó, suco de limão, alho, pimenta caiena, sal e pimenta a gosto. Junte as fatias de cordeiro e esfregue bem com a marinada. Cubra e leve à geladeira para marinar por pelo menos 2 horas, mas de preferência de um dia para o outro.

2 Prepare o molho: com um batedor manual ou garfo, bata o suco de limão e o mel até dissolver bem. Acrescente o iogurte e bata até ficar homogêneo. Misture as ervas e adicione sal e pimenta a gosto. Cubra e leve à geladeira até o momento de usar.

3 Retire o cordeiro da geladeira 15 minutos antes de começar a cozinhar. Aqueça uma grelha em temperatura alta e pincele com azeite. Grelhe o cordeiro por 10 minutos para ficar no ponto ou 12 minutos se preferir bem passado, virando-o uma vez. Deixe esfriar, cubra e leve à geladeira até o momento de usá-lo novamente.

4 Corte o cordeiro em fatias finas e divida-o em quatro pratos. Acerte o tempero do molho, se necessário, e despeje-o sobre as fatias de cordeiro. Salpique as sementes de gergelim e decore com os raminhos de salsinha. Sirva em seguida.

43 FRANGO CAIPIRA

Incluir a proteína encontrada no frango caipira na dieta diária aumenta a prevenção contra o envelhecimento prematuro, resultante do estresse.

O corpo humano compreende 22% de proteína, sendo pouco menos da metade disso só de músculos. Eles precisam de reabastecimento constante, principalmente depois de exercícios físicos, para que o corpo mantenha a postura e a mobilidade jovens e saudáveis. Quando sob pressão, a proteína do organismo é consumida para produzir adrenalina. A proteína fornecida pelo frango é facilmente absorvida pelo organismo. Além disso, o frango criado de maneira saudável pode fornecer vitaminas do complexo B necessárias para manter os níveis de energia e o bom funcionamento do cérebro.

- Contém proteína, que produz colágeno na quantidade diária necessária para rejuvenescer a pele, o cabelo, as unhas e os órgãos internos.
- Contém ácido hialurônico, que retém a água no colágeno e, assim, mantém o corpo hidratado e a pele firme.
- Contém ácido glutâmico, a principal proteína do músculo humano, que assegura reações fortes e rápidas.
- Contém selênio, mineral antioxidante que ajuda a combater metais tóxicos responsáveis pelo envelhecimento, como o mercúrio, o chumbo e o alumínio.

Dicas práticas:
Escolha bem o frango que vai consumir. Frango de granja tem teor mais elevado de gorduras prejudicias à saúde do que o frango caipira. Apesar de mais caros, o frango orgânico é de melhor qualidade.

VOCÊ SABIA QUE...

O frango é a principal fonte de proteína animal do mundo? Cerca de 100 g fornecem 2/3 da quantidade diária de proteínas necessária para suprir a pele, os ossos e os músculos.

PRINCIPAIS NUTRIENTES ENCONTRADOS EM 100 G DE FRANGO, SEM A PELE

Calorias	114
Gordura total	2,59 g
Gordura saturada	0,57 g
Gordura monoinsaturada	0,76 g
Proteína	21,23 g
Carboidrato	0 mg
Fibra	0 mg
Vitamina B_3	10,43 mg
Vitamina B_5	1,43 mcg
Vitamina B_6	0,75 mg
Selênio	32 mcg
Ácido glutâmico	3,15 g

Frango tailandês com abobrinha

SERVE 4 (P) (F) (D) (M) (C) (A)

1 colher de sopa de azeite de oliva
1 dente de alho, bem picado
1 pedaço de 2,5 cm de gengibre, descascado e bem picado
1 pimenta vermelha pequena, sem sementes e bem picada
350 g de peito de frango caipira, sem pele e sem osso, cortado em fatias finas
*1 colher de sopa de 7 spices**
1 pimentão vermelho e 1 pimentão amarelo, sem sementes e cortados em rodelas
2 abobrinhas italianas, cortadas em fatias finas
227 g de broto de bambu em lata, escorrido
2 colheres de sopa de suco de maçã
1 colher de sopa de molho de soja light
2 colheres de sopa de coentro fresco picado, mais alguns ramos para decorar
Sal e pimenta

Preparo

1 Aqueça o azeite de oliva em uma frigideira wok antiaderente. Junte o alho picado, o gengibre e a pimenta vermelha e refogue por 30 segundos para liberar o sabor.

2 Adicione o frango e o tempero tailandês. Refogue por cerca de 4 minutos ou até que o frango doure por igual. Acrescente os pimentões e a abobrinha e refogue por 1-2 minutos ou até que fiquem macios.

3 Misture o broto de bambu e continue refogando por mais 2-3 minutos ou até que o frango esteja bem cozido e macio. Adicione o suco de maçã, o molho de soja, sal e pimenta a gosto e frite por 1-2 minutos.

4 Acrescente o coentro picado e mexa. Decore com os ramos de coentro e sirva quente.

* Especiaria tailandesa, tempero vendido pronto para usar.

44 CERVO

A carne de cervo é semelhante à carne de boi, porém mais magra e fornece proteínas substanciosas sem as gorduras saturadas prejudiciais ao coração.

Esta proteína combinada com o teor elevado de vitaminas do complexo B mantém o corpo jovem e saudável. Contém os aminoácidos sulfatados taurina e cistina, que combatem o envelhecimento, afastando hormônios, medicamentos e efeitos do álcool indesejáveis, os quais, quando em circulação pelo organismo, provocam cansaço e doenças, impossibilitando a cura e restauração. Além disso, a taurina e a cistina ajudam a reter minerais essenciais ao organismo, tonificam o sangue, previnem doenças cardíacas e melhoram a circulação, mantendo a pele saudável e brilhante.

- Contém as vitaminas B12 e B6, que mantêm o cérebro e o coração livres da homocisteína, substância nociva que pode provocar demência e doenças cardíacas.
- Contém vitamina B3, que preserva a mobilidade das articulações e previne artrites ósseas.
- Contém zinco, que revitaliza a pele e mantém os poros limpos.
- A combinação de zinco e selênio facilita a formação de enzimas desintoxicantes que rejuvenescem as células do corpo.
- O ferro leva o oxigênio pelo organismo, auxiliando na cicatrização e cura.

Dicas práticas:

Considerando que no Brasil a caça é proibida, a carne que poderia ser usada em substituição à carne de cervo, em receitas e não quanto aos nutrientes, é a de cabrito.

VOCÊ SABIA QUE...

A carne de cervo é carne de caça, o que significa que não é carne de animal doméstico? A caça é a forma mais saudável de comer carne, porque é a que mais se aproxima daquela que os nossos ancestrais comiam.

PRINCIPAIS NUTRIENTES ENCONTRADOS EM 100 G DE CARNE DE CERVO

Calorias	157
Gordura total	7,13 g
Gordura saturada	3,36 g
Gordura monoinsaturada	1,34 g
Proteína	21,78 g
Carboidrato	0 mg
Fibra	0 mg
Vitamina B_2	0,55 mg
Vitamina B_3	0,69 mg
Vitamina B_5	0,75 mg
Vitamina B_6	32 mcg
Vitamina B_{12}	3,15 g
Ferro	2,92 g
Zinco	4,2 mg
Selênio	10 mg

Filé de cervo na grelha

SERVE 4 (P) (F) (D) (M) (C)

4 filés de cervo
Ramos de tomilho fresco, para decorar

Marinada

⅔ de xícara de vinho tinto
2 colheres de sopa de azeite de oliva
1 colher de sopa de vinagre de vinho tinto
1 cebola, picada
1 colher de sopa de salsinha picada
1 colher de sopa de tomilho picado
1 folha de louro
1 colher de chá de mel de boa qualidade
½ colher de chá de mostarda suave
Sal e pimenta

Preparo

1 Coloque os filés em uma travessa rasa, não metálica.

2 Para preparar a marinada, coloque o vinho, o azeite, o vinagre, a cebola, a salsinha, o tomilho, a folha de louro, o mel e a mostarda em um vidro com tampa de rosca. Acrescente sal e pimenta a gosto. Agite bem, até ficar homogêneo. Se preferir, bata todos os ingredientes com um garfo em uma tigela.

3 Espalhe a marinada sobre a carne, cubra e leve à geladeira de um dia para o outro. Vire os filés 1 ou 2 vezes durante esse tempo, para que o tempero fique bem revestido dos dois lados.

4 Preaqueça uma chapa ou grelha em temperatura alta. Grelhe os filés por 2 minutos de cada lado, para deixar a carne firme.

5 Diminua a chama para a temperatura média e grelhe por mais 4-10 minutos de cada lado, de acordo com sua preferência. Para testar o ponto da carne, espete-a com a ponta de uma faca. Se sair um suco avermelhado, o filé está mal passado; para filés bem passados, sairá um suco translúcido.

6 Transfira os filés para uma travessa ou prato de servir e decore com os ramos de tomilho. Sirva em seguida.

45 PERU

Fonte de proteínas com baixo teor de gorduras, a carne de peru ajuda a manter a energia e a vitalidade.

O peru é conhecido pelo seu alto teor de triptofano, uma proteína constituinte através da qual o organismo produz a serotonina, substância química que regula o humor, o sono e o apetite. A carne branca do peru é considerada mais saudável do que a escura, por conter uma quantidade ligeiramente menor de gordura. Porém, a carne escura pode ajudar a melhorar o metabolismo, pois é mais eficiente na queima de combustível e sacia mais rapidamente do que a carne branca, o que contribui para maior perda de peso.

- Contém ferro, que ajuda a manter os níveis de energia, produzindo células que o organismo usa como combustível e ajudando os músculos a armazenar oxigênio rejuvenescedor.
- Contém acido glutâmico que ajuda a manter o nível de açúcar no sangue em níveis adequados e a combater os efeitos do envelhecimento causados pelo estresse.
- Contém zinco, necessário para a produção de serotonina, responsável pela sensação de bem-estar. Além disso, é essencial no processo de restauração do corpo e ajuda a manter a aparência jovem e saudável.

Dicas práticas:
O peru pode ser uma alternativa menos calórica para a carne de frango, com os mesmos benefícios para a saúde. É uma ave que vive solta, alimenta-se de maneira mais saudável e natural e, portanto, tem carne mais magra e mais saborosa, além de soltar menos água durante o preparo. O resultado é melhor quando assado.

VOCÊ SABIA QUE...

Os perus foram domesticados pelos astecas, que usavam suas penas como adereços? Eles o associavam ao deus da magia, Tezcatlipoca.

PRINCIPAIS NUTRIENTES ENCONTRADOS EM 100 G DE PERU, SEM PELE

Calorias	111
Gordura total	0,65 g
Gordura saturada	0,21 g
Gordura monoinsaturada	0,11 g
Proteína	24,6 g
Carboidrato	0 mg
Fibra	0 mg
Vitamina B_3	6,23 mg
Vitamina B_5	0,72 mg
Vitamina B_6	0,58 mg
Ferro	1,17 mg
Zinco	1,24 mg
Ácido glutâmico	4,02 g

Pão pita com salada de peru

RENDE 1 (P) (F) (M) (A)

1 punhado pequeno de folhas de espinafre bem tenras, higienizadas e cortadas em tiras
½ pimentão vermelho, sem sementes e cortado em rodelas finas
½ cenoura, descascada e ralada (no lado mais grosso do ralador)
4 colheres de sopa de homus (grão-de-bico em pasta)
85 g de peru assado, sem a pele, cortado em fatias finas ou desfiado
½ colher de sopa de sementes de girassol
1 pão pita integral inteiro
Sal e pimenta

Preparo

1 Preaqueça o forno em temperatura alta.
2 Em uma tigela, coloque as folhas de espinafre, o pimentão vermelho, a cenoura, o homus e misture tudo muito bem. Acrescente o peru e as sementes de girassol. Tempere com sal e pimenta a gosto.
3 Asse o pão pita por 1 minuto de cada lado, só para aquecer, sem deixar queimar. Corte ao meio.
4 Divida a salada entre as duas metades de pão e sirva.

46 FAISÃO

O faisão é uma alternativa menos calórica para outras carnes mais comuns, repleta de proteínas que rejuvenescem a pele e os ossos e mantêm a flexibilidade das articulações.

O faisão ostenta um teor elevado de aminoácidos usados na fabricação das proteínas, incluindo a lisina, conhecida por sua poderosa ação antiviral e que, quando combinada com vitamina C, aumenta a produção de colágeno, ajudando a aperfeiçoar a textura da pele, a recuperação dos músculos e a força dos ossos. Quando combinada à arginina (também presente no faisão), a lisina estimula o metabolismo, aumenta a energia, a vitalidade e a perda de peso, fabricando mais proteínas nas partes do corpo onde são necessárias. Leucina, isoleucina e valina são aminoácidos de cadeia ramificada e constituem ⅓ de toda a massa muscular corporal.

- Contém fósforo, que atua com o cálcio na restauração óssea, prevenindo a degeneração.
- Contém selênio, que estimula os hormônios da tireóide, fortalecendo os níveis de energia e o controle do peso.
- Teor reduzido de calorias e elevado de proteínas, mantém o metabolismo equilibrado.

Dicas práticas:

Faisões não devem ser consumidos logo depois do abate. Como a maioria das carnes de caça, o faisão está pronto para o consumo após algumas semanas, quando adquire seu sabor característico. Uma ave serve de 2 a 4 pessoas. As aves mais jovens podem ser assadas, mas as mais velhas, por terem a carne mais consistente, devem ser cozidas lentamente, em fogo brando.

VOCÊ SABIA QUE...

Os romanos são os responsáveis por difundir a criação e consumo do faisão pela Europa e pela Ásia?

PRINCIPAIS NUTRIENTES ENCONTRADOS EM 100 G DE FAISÃO:

Calorias	133
Gordura total	3,25 g
Gordura saturada	1,1 g
Gordura monoinsaturada	1,04 g
Proteína	24,37 g
Carboidrato	0 mg
Fibra	0 mg
Vitamina B_3	8,55 mg
Vitamina B_5	0,96 mg
Vitamina B_6	0,74 mg
Vitamina B_{12}	0,84 mg
Selênio	16,7 mg
Fósforo	200 mg
Lisina	2,23 g
Leucina	2,06 g
Isoleucina	1,37 g
Valina	1,35 g

Faisão assado no vinho tinto com ervas

SERVE 4 (P)(F)(C)

½ xícara ou 1 tablete de manteiga, na temperatura ambiente
1 colher de sopa de tomilho fresco picado
1 colher de sopa de salsinha fresca picada
2 faisões jovens semiprontos
4 colheres de sopa de azeite de oliva
½ xícara de vinho tinto
Sal e pimenta

Preparo

1 Preaqueça o forno a 190ºC.
2 Em uma tigela, misture a manteiga com as ervas picadas. Coloque a manteiga temperada entre a pele e a carne do peito dos faisões, tomando cuidado para não rasgar a pele ao levantá-la. Tempere o faisão com sal e pimenta a gosto. Coloque o azeite em uma assadeira, adicione os faisões e asse por 45 minutos. Regue algumas vezes com o líquido da assadeira.
3 Retire do forno, despeje o vinho e asse por mais 15 minutos ou até ficar totalmente cozido. O faisão estará pronto quando sair um líquido claro ao espetar a ponta de uma faca na junção das coxas.
4 Retire os faisões do forno, cubra com papel-alumínio e deixe descansar 15 minutos antes de servir.

47 CARNE DE BOI NÃO CONFINADO

Fornece gorduras que ajudam na perda de peso e melhoram a pele, ossos e coração.

A carne de gado criado solto e alimentado em pastos é mais magra, pois o boi se exercita mais. Em uma porção de 85 g, a carne do boi não confinado tem 6 g a menos de gordura do que a carne do boi confinado, alimentado com ração. O mais importante: a gordura encontrada na carne de boi não confinado é de melhor qualidade. A carne do boi alimentado nos pastos contém teor elevado dos ácidos graxos ômega-3, que ajudam a manter saudáveis o coração, as articulações, o cérebro e a pele. Outro ácido graxo, o ácido linoleico conjugado, encontrado no capim, ajuda a transformar a gordura armazenada em energia.

- Contém 4 vezes mais vitamina E do que a carne de boi confinado, o que retarda o aparecimento de rugas e previne manchas na pele.
- Boa fonte de selênio, o que atenua a ansiedade, depressão e fadiga. O nível reduzido de selênio está associado à degeneração do coração e dos ossos.
- É a carne que apresenta o teor mais elevado de zinco, contribuindo para uma pele sem manchas e unhas fortes.
- Contém a coenzima Q-10, que aumenta a energia das células.

Dicas práticas:
Pergunte ao açougueiro qual a melhor fonte de carne de boi criado solto. Em alguns supermercados ou açougues, essa carne pode ser vendida como orgânica. Filé mignon, alcatra, patinho, coxão mole e fraldinha são os cortes mais magros e saudáveis. É um alimento bastante rico e nutritivo, por isso basta consumi-lo apenas 2-4 vezes por mês para receber seus benefícios.

VOCÊ SABIA QUE...

O gado é naturalmente criado solto e alimenta-se de pasto natural? As vacas passaram a ser alimentadas com ração apenas cerca de 10.000 anos a.C.

PRINCIPAIS NUTRIENTES ENCONTRADOS EM 100 G DE CARNE BOVINA

Calorias	192
Gordura total	12,73 g
Gordura saturada	5,34 g
Gordura monoinsaturada	4,8 g
Proteína	19,42 g
Fibra	0 mg
Vitamina B_3	4,82 mg
Vitamina B_5	0,58 mg
Vitamina B_6	0,36 mg
Vitamina B_{12}	1,97 mg
Vitamina E	930 mcg
Ferro	1,99 mg
Zinco	4,55 mg
Selênio	14,2 mcg

Carne refogada

SERVE 4 (P) (F) (M) (C) (A)

1 colher de chá de azeite de oliva
140 g de carne de boi não confinado, como patinho ou coxão mole, sem gordura e cortado em tiras finas
1 pimentão laranja, sem sementes e cortado em tiras
4 cebolinhas verdes, com a parte branca carnuda, picada
1-2 pimentas vermelhas, sem sementes e picadas
2-3 dentes de alho, picados
1½ xícara de ervilha torta, cortada ao meio, na diagonal
115 g de cogumelos portobello, cortados em fatias
1 colher de chá de molho hoisin ou a gosto*
1 colher de sopa de suco de laranja
85 g de folhas de rúcula ou agrião

* O molho hoisin é feito de especiarias selecionadas e soja. Ele tem um sabor adocicado e picante e é muito utilizado na cozinha asiática.

Preparo

1 Aqueça o azeite de oliva em uma frigideira wok por 30 segundos. Junte a carne e refogue por 1 minuto ou até dourar. Retire com uma escumadeira e reserve.

2 Adicione o pimentão, as cebolinhas, as pimentas e o alho e refogue por 2 minutos. Acrescente a ervilha torta e os cogumelos, fritando por mais 2 minutos.

3 Coloque a carne na frigideira novamente, junte o suco de laranja e o molho hoisin. Refogue por mais 2-3 minutos ou até que a carne fique macia e os legumes levemente macios. Acrescente a rúcula e refogue até que ela comece a murchar. Divida entre 4 pratos ou tigelas individuais aquecidas e sirva em seguida.

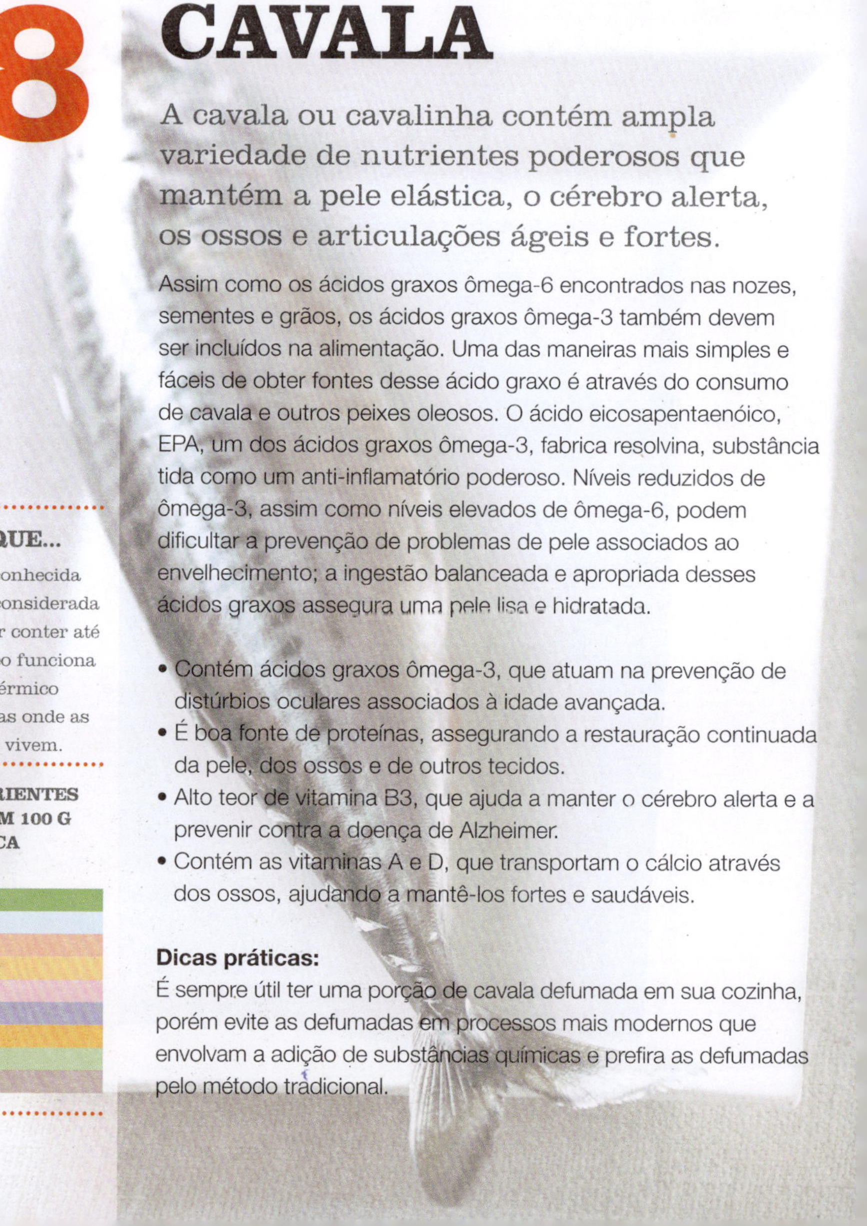

48 CAVALA

A cavala ou cavalinha contém ampla variedade de nutrientes poderosos que mantém a pele elástica, o cérebro alerta, os ossos e articulações ágeis e fortes.

Assim como os ácidos graxos ômega-6 encontrados nas nozes, sementes e grãos, os ácidos graxos ômega-3 também devem ser incluídos na alimentação. Uma das maneiras mais simples e fáceis de obter fontes desse ácido graxo é através do consumo de cavala e outros peixes oleosos. O ácido eicosapentaenóico, EPA, um dos ácidos graxos ômega-3, fabrica resolvina, substância tida como um anti-inflamatório poderoso. Níveis reduzidos de ômega-3, assim como níveis elevados de ômega-6, podem dificultar a prevenção de problemas de pele associados ao envelhecimento; a ingestão balanceada e apropriada desses ácidos graxos assegura uma pele lisa e hidratada.

- Contém ácidos graxos ômega-3, que atuam na prevenção de distúrbios oculares associados à idade avançada.
- É boa fonte de proteínas, assegurando a restauração continuada da pele, dos ossos e de outros tecidos.
- Alto teor de vitamina B3, que ajuda a manter o cérebro alerta e a prevenir contra a doença de Alzheimer.
- Contém as vitaminas A e D, que transportam o cálcio através dos ossos, ajudando a mantê-los fortes e saudáveis.

Dicas práticas:
É sempre útil ter uma porção de cavala defumada em sua cozinha, porém evite as defumadas em processos mais modernos que envolvam a adição de substâncias químicas e prefira as defumadas pelo método tradicional.

VOCÊ SABIA QUE...

A cavala, também conhecida como cavalinha, é considerada um peixe oleoso por conter até 30% de óleos? O óleo funciona como um isolante térmico contra as águas frias onde as cavalas geralmente vivem.

PRINCIPAIS NUTRIENTES ENCONTRADOS EM 100 G DE CAVALA FRESCA

Calorias	105
Gordura total	2 g
ácido eicosapentaenoico(EPA)	0,136 g
ácido docosahexaenoico (DHA)	0,18 g
Proteína	20,28 g
Fibra	0 mg
Vitamina B_3	8,6 mg
Vitamina A	727 UI
Vitamina D	9 mcg

Patê de cavala defumada com torrada melba

SERVE 4

(P) (F) (D) (M) (C) (A)

250 g de filé de cavala defumado, sem a pele e sem espinhas, desfiado
125 g de tofu
2 colheres de sopa de suco de limão
1 colher de chá de raiz-forte ralada (opcional)
1 colher de sopa de dill fresco picado ou de cebolinha verde picada, mais a quantidade para decorar
4 fatias de pão integral ou de centeio
Pimenta

Preparo

1 Em um processador ou liquidificador, bata a cavala defumada, o tofu, o suco de limão e a raiz-forte (se estiver usando) até obter um purê liso. Tempere com pimenta a gosto. Sal não deve ser necessário, pois a cavala defumada já é salgada o suficiente.

2 Misture as ervas frescas e transfira para uma tigela. Cubra e leve à geladeira até 10 minutos antes de servir. Salpique um pouco das ervas frescas antes de levar à mesa.

3 Preaqueça o forno. Coloque as fatias de pão no forno até dourar dos dois lados. Com uma faca serrilhada, remova as cascas e corte cada fatia ao meio, no sentido horizontal. Corte cada pedaço em 2 triângulos. Leve ao forno até que as torradas fiquem crocantes. Sirva com o patê.

49 ANCHOVA

A anchova combina os benefícios dos ácidos graxos ômega-3 com proteína rejuvenescedora.

A anchova contém teor elevado de ômega-3 e de proteínas que ajudam o organismo a restaurar e renovar a pele, os ossos e os músculos, além de retardar os danos associados à idade avançada. Além disso, a proteína encontrada nas anchovas ajuda a controlar os níveis de energia, reduzindo a compulsão por doces, tornando-se assim importante coadjuvante no metabolismo e no controle do peso. Os peixes oleosos são excelentes substitutos da carne vermelha, devido ao alto teor de ácidos graxos ômega e do baixo teor de gorduras saturadas. As anchovas ajudam a manter o coração saudável e têm alto teor de vitaminas do complexo B. Duas porções de anchovas por semana ajudam a reduzir o risco de ataques cardíacos.

- As pequenas espinhas da anchova são ricas em cálcio, que fortalece os ossos e mantém o bom funcionamento do coração.
- Contém selênio, que ajuda na desintoxicação de metais pesados, como o mercúrio e o cádmio, associados ao envelhecimento.
- Contém vitaminas B3 e B5, que produzem energia nas células e mantêm o corpo jovem e saudável.

Dicas práticas:
Anchovas frescas são fáceis de serem encontradas. Algumas conservadas são preparadas de maneira mais saudável do que outras: as vendidas em vidro são conservadas em óleo e não em salmoura; anchovas brancas marinadas têm sabor menos intenso do que as em lata. São encontradas em grandes redes de supermercados e lojas de produtos alimentícios.

VOCÊ SABIA QUE...

Devido ao sabor acentuado, as anchovas são ingredientes de vários condimentos bastante conhecidos, como os molhos de peixe orientais e o molho inglês?

PRINCIPAIS NUTRIENTES ENCONTRADOS EM 100 G DE ANCHOVAS

Calorias	131
Gordura total	4,84 g
ácido eicosapentaenoico (EPA)	0,54 g
ácido docosahexaenoico (DHA)	0,91 g
Proteína	20,35 g
Carboidrato	0 mg
Fibra	0 mg
Vitamina B_3	14,02 mg
Vitamina B_5	0,65 mg
Cálcio	147 mg
Selênio	36,5 mg

Anchovas com alcachofras e ervas

SERVE 4 (P)(F)(D)(M)(C)

100 g de anchovas em conserva
400 g de corações de alcachofra, em conserva no azeite de oliva
85 g de tomates secos, em conserva no azeite de oliva
½ colher de sopa de vinagre de vinho branco
2 colheres de sopa de salsinha fresca bem picada
1 colher de chá de alecrim picado
25 g de queijo parmesão em lascas (opcional)
Pimenta

Preparo

1 Escorra as anchovas e descarte o líquido da conserva

2 Escorra as alcachofras e reserve o azeite. Corte ao meio ou em 4, se necessário, e disponha sobre uma travessa. Coloque 2 colheres de sopa do azeite das alcachofras em uma frigideira e junte as anchovas. Aqueça em fogo brando por 2 minutos. Retire as anchovas com uma escumadeira e distribua sobre as alcachofras.

3 Escorra os tomates e reserve o azeite. Pique-os bem e espalhe sobre as anchovas. Misture 1 colher de sopa do azeite das alcachofras com 1 colher de sopa do azeite dos tomates, o vinagre, a salsinha, o alecrim e a pimenta.

4 Regue as anchovas e as alcachofras com esse molho, salpique com as lascas de parmesão (se estiver usando) e sirva.

50 TRUTA

A truta contém nutrientes que protegem as articulações, os olhos e o cérebro.

Estudos mostram que a ingestão de uma porção de peixe oleoso de 1 a 3 vezes por semana melhora a função cerebral e retarda a perda de concentração, memória e acuidade mental associadas ao envelhecimento e ao estresse. Entre os peixes oleosos, a truta é o que apresenta a menor contaminação por mercúrio, que é um metal tóxico comumente encontrado em peixes oleosos, como o atum e o peixe-espada, capazes de acumular essa substância nociva e responsável pelo envelhecimento por longos períodos de tempo.

- Contém o pigmento rosado astaxantina, que ajuda a manter a saúde dos olhos e auxilia no pleno funcionamento da função cerebral.
- A vitamina D é necessária para manter a agilidade cerebral. A deficiência desta vitamina está associada à depressão e à demência.
- O alto teor de vitaminas do complexo B favorece a vitalidade e aumenta a energia.
- Contém ácidos graxos ômega-3, que lubrificam as articulações e asseguram movimentos ágeis e sem dor.

Dicas práticas:
A truta pode ser vendida fresca ou defumada. As frescas podem ser recheadas com ervas e limão e depois, assadas. A defumada pode substituir o salmão defumado, de sabor mais forte e acentuado. É uma excelente opção nutritiva para quem necessita dos benefícios dos peixes oleosos, mas não se sente atraído pelo forte cheiro.

VOCÊ SABIA QUE...

A truta é um tipo de salmão que vive em água doce, em riachos e lagos, ao contrário do salmão, que vive em águas salgadas?

PRINCIPAIS NUTRIENTES ENCONTRADOS EM 100 G DE TRUTA FRESCA

Calorias	148
Gordura total	6,61 g
ácido eicosapentaenoico (EPA)	0,2 g
ácido docosahexaenoico (DHA)	0,53 g
Proteína	20,77 g
Carboidrato	0 mg
Fibra	0 mg
Vitamina B_1	0,35 mg
Vitamina B_3	4,5 mg
Vitamina B_{12}	7,79 mg
Vitamina D	155 UI

Salada de truta defumada

SERVE 4 (F)(M)(C)(A)

1 pimentão vermelho, sem sementes, cortado ao meio
4 filés de truta defumada, pesando cerca de 150 g cada, sem espinhas e sem a pele, desfiado
4 cebolinhas verdes, com a parte branca carnuda, bem picadas
2 cabeças de chicória, cortadas ao meio, sem o miolo mais duro e cortadas em tiras
1½ colher de sopa de vinagre de arroz chinês
½ colher de sopa de óleo de girassol
2 colheres de sopa de salsinha fresca picada
Folhas de radicchio, higienizadas e bem secas
Sal e pimenta

Preparo

1 Corte o pimentão em tiras bem finas. Pique as tiras e coloque-as em uma tigela.

2 Adicione as trutas desfiadas, as cebolinhas e a chicória e mexa. Acrescente o vinagre, o óleo, a salsinha, o sal e a pimenta. Misture tudo muito bem e acrescente mais vinagre, caso sinta necessidade.

3 Cubra e leve à geladeira até o momento de servir. Disponha as folhas de radicchio em pratos individuais. Misture a salada novamente e acerte o tempero. Coloque uma porção de salada sobre as folhas de radicchio em cada prato e sirva.

51 COALHADA FRESCA

A coalhada fresca contém culturas bacterianas que fortalecem o sistema imunológico e o sistema digestivo.

A coalhada fresca, principalmente se for no estilo grego, mais cremosa, contém menos açúcar e mais proteínas, pois, para adquirir a consistência mais espessa, escorre-se o soro rico em carboidratos. A consistência mais firme sacia mais o apetite e o baixo teor de lactose facilita a digestão. Comer coalhada fresca regularmente melhora as reações imunológicas e aumenta a resistência a doenças.

- Todos os tipos de iogurtes ajudam a reduzir o colesterol "ruim" LDL, mas apenas a coalhada fresca aumenta o colesterol "bom" HDL, assegurando o bom funcionamento das artérias.
- O consumo regular de iogurte e coalhada aumenta a capacidade de queimar gorduras, o que leva à perda de peso corporal.
- Fonte importante de vitamina B12 para vegetarianos, ajuda a evitar a pele seca e o envelhecimento prematuro, e a prevenir a doença de Alzheimer, doenças cardíacas e diabetes.

Dicas práticas:
Prefira as coalhadas caseiras, pois as bactérias são naturais e não adicionadas como no processo industrial. Evite os iogurtes com sabor de fruta, que contêm mais açúcar. O iogurte natural ou a coalhada fresca podem ser adoçados com frutas ou canela. A coalhada grega, devido a sua consistência mais densa e cremosa, é uma boa alternativa para substituir o creme de leite ou o creme azedo em várias receitas.

VOCÊ SABIA QUE...

O hábito de fazer coalhada e iogurte caseiro existe há cerca de 5.000 anos? No entanto, o iogurte só começou a ser comercializado a partir de 1919, em Barcelona.

PRINCIPAIS NUTRIENTES ENCONTRADOS EM 100 G DE COALHADA FRESCA

Calorias	61
Gordura total	3,25 g
Proteína	3,47 g
Carboidrato	4,66 g
Vitamina A	99 UI
Vitamina B_2	0,14 mg
Vitamina B_5	0,39 mg
Vitamina B_{12}	0,37 mcg
Colina	15,2 mg
Cálcio	121 mg
Potássio	155 mg

Tzatiziki*

SERVE 4 (F) (D) (M) (C) (A)

1 pepino pequeno
1¼ de xícara de coalhada fresca ou de coalhada grega
1 dente de alho grande, espremido
1 colher de sopa de hortelã fresca ou dill picado
Sal e pimenta

Preparo

1 Descasque o pepino e rale-o no lado grosso do ralador. Coloque em uma peneira e esprema bem para retirar toda a água. Transfira para uma tigela.
2 Adicione a coalhada, o alho, a hortelã picada (separe um pouco para decorar, se desejar) ao pepino e tempere com pimenta. Misture bem e leve à geladeira por até 2 horas antes de servir.
3 Mexa o patê de pepino e a coalhada e transfira para uma travessa. Salpique com sal e sirva.

* Molho usado como aperitivo (com pães, servido como entrada) ou acompanhamento refrescante para uma refeição com carne, pois a sua acidez corta a gordura, sendo normalmente usado na Grécia com souvlaki (uma espécie de espetinho de carne) e gyros (espécie de sanduíche em pão pita).

52 KEFIR

As propriedades imunológicas do kefir estão fazendo com que sua popularidade aumente a cada dia.

Estudos indicam que o kefir tem efeito benéfico sobre o trato digestivo, onde o equilíbrio entre micro-organismos benéficos e nocivos é fundamental no combate a infecções bacterianas e ao desenvolvimento de vírus e fungos, que comprometem nossa capacidade de permanecer jovem. Foi também demonstrado que o kefir destrói bactérias nocivas invasoras; além disso, acredita-se que possa retardar o crescimento de alguns tumores. Uma das bactérias vivas do kefir, o *Lactobacilus casei*, é forte o suficiente para combater pneumonia.

- Os pequenos coalhos do kefir são mais facilmente digeríveis do que o iogurte, o que facilita a remoção de toxinas responsáveis pelo envelhecimento via sistema digestivo.
- Contém os mesmos benefícios das proteínas e do cálcio do leite e é indicado a pessoas com leve intolerância a lactose.
- Tradicionalmente usado pelos pastores para aumentar a energia, também alivia problemas de pele e favorece a longevidade.

Dicas práticas:
O kefir pode ser encontrado em lojas de produtos naturais, mas também é possível fazê-lo em casa, utilizando grãos de kefir ou semente vendidos na internet. Ele pode ser feito com água de coco ou somente água (os valores nutricionais apresentados nesta página incluem os nutrientes do leite). Consuma-o como substituto do iogurte. Por ser levemente azedo, ele acentua o sabor das frutas quando usado em vitaminas e frapês.

VOCÊ SABIA QUE...

A diferença entre o kefir e o iogurte é que o leite usado no kefir é fermentado com grãos de kefir*? Esses grãos são grumos de bactérias e fermento agrupados por grandes moléculas de açúcar.

PRINCIPAIS NUTRIENTES ENCONTRADOS EM 100 ML DE KEFIR

Calorias	61
Gordura total	varia de acordo com o leite
Proteína	varia de acordo com o leite
Carboidrato	varia de acordo com o leite
Cálcio	120 mg
Potássio	150 mg
Zinco	0.36 mg

Vitamina de blueberry (mirtilo)

SERVE 2 (F) (D) (A)

⅓ de xícara de kefir

⅓ de xícara de água

1 xícara de blueberries, mais a quantidade para decorar

Preparo

1 Bata o kefir, a água e os blueberries em um processador ou um liquidificador até ficar bem homogêneo.

2 Divida em copos e decore com blueberries inteiros.

53 QUEIJO DE CABRA

O queijo de cabra fortalece os ossos e é uma boa fonte de proteínas rejuvenecedoras.

O queijo de cabra costuma ser fabricado seguindo procedimentos mais tradicionais do que o queijo de leite de vaca, portanto, contém menos aditivos e conservantes químicos. A caseína, proteína encontrada no leite de vaca e causa de muitas alergias, apresenta-se sob outra forma no queijo de cabra e é mais bem aceita por portadores de intolerâncias digestivas. Além disso, contém um tipo de gordura saturada necessária para a comunicação do sistema nervoso, que é saudável quando combinada aos ácidos graxos ômega-3 e ômega-6, encontrados também nos peixes oleosos, castanhas e sementes.

- Contém fósforo, manganês, vitamina B3 e vitamina A, que ajudam a reter o cálcio nos ossos, mantendo-os fortes.
- A combinação de proteína com gordura saturada de boa qualidade pode ajudar a controlar a compulsão por doces, prevenindo o envelhecimento prematuro da pele, dos olhos e de alguns órgãos.
- Leite de cabra tem teor mais elevado de vitaminas B1 e B3 do que o leite de vaca. Essas vitaminas produzem energia para restaurar células e estimular a vitalidade.

Dicas práticas:
Queijos cremosos têm menos gordura saturada e queijos frescos permitem um melhor aproveitamento dos nutrientes. Verifique os ingredientes nas embalagens de queijos como o feta, pois algumas vezes usa-se o leite de vaca e não o de cabra em sua fabricação. Alguns tipos de queijo também são feitos com leite de ovelha, bastante semelhante ao de cabra, quanto ao teor de lactose.

VOCÊ SABIA QUE...

As partículas de gordura do leite de cabra são menores do que as do leite de vaca e próximas em tamanho às do leite humano? Isso faz com que seja de mais fácil digestão e também que não precise passar pelo processo de homogeneização.

PRINCIPAIS NUTRIENTES ENCONTRADOS EM 100 G DE QUEIJO DE CABRA

Calorias	364
Gordura total	29,84 g
Ácidos graxos ômega-6	706 mg
Ácidos graxos ômega-9	6,098 mg
Proteína	21,58 g
Carboidrato	2,54 g
Vitamina A	1,464 UI
Vitamina D	22 UI
Vitamina B_1	0,07 mg
Vitamina B_2	0,68 mg
Vitamina B_3	1,15 mg
Colina	15,4 mg
Cálcio	298 mg
Fósforo	375 mg
Manganês	6,06 mg
Selênio	3,8 mcg

Salada de queijo de cabra, pera e nozes

SERVE 4 (P) (F) (C)

250 g de macarrão penne seco
1 cabeça de radicchio, cortada em pedaços
1 alface americana, cortada em pedaços
½ xícara de nozes picadas
2 peras maduras, sem sementes e cortadas em cubos
55 g de rúcula
4 tomates, cortados em quatro
1 cebola pequena, cortada em fatias
1 cenoura grande, ralada
250 g de queijo de cabra, cortado em cubos
Sal e pimenta

Molho

2 colheres de sopa de suco de limão
5 colheres de sopa de azeite de oliva extravirgem
1 dente de alho picado
3 colheres de sopa de vinagre de vinho branco

Preparo

1 Em uma panela grande, ferva água com um pouco de sal. Adicione o macarrão e cozinhe seguindo as instruções da embalagem. Escorra e resfrie em água corrente fria. Escorra novamente e reserve.
2 Em uma saladeira grande, misture o radicchio e a alface americana. Acrescente o macarrão, as nozes, a pera e a rúcula.
3 Prepare o molho em uma tigela à parte, misturando o suco de limão, o azeite, o alho e o vinagre. Despeje-o sobre a salada e misture bem. Adicione o tomate, a cebola, a cenoura e o queijo de cabra e mexa bem com dois garfos. Leve à geladeira por cerca de 1 hora antes de servir.

54 OVO CAIPIRA

Os ovos contêm os aminoácidos necessários para a restauração do organismo e para manter a aparência jovem e saudável.

Os ovos são formados para manter uma nova vida dentro deles, portanto, contêm todos os nutrientes necessários para o crescimento: ferro, zinco, vitamina A, vitamina D, as vitaminas do complexo B e os ácidos graxos ômega-3. O teor elevado de colesterol dos ovos pode ser controlado com uma dieta baixa em açúcar e gordura saturada. Muitos estudos mostram que o consumo de ovos ajuda a prevenir distúrbios crônicos associados ao envelhecimento, como as doenças coronarianas, perda de massa muscular, degeneração dos olhos, perda auditiva e perda de memória.

- Contém vitamina B12, que ajuda a combater a fadiga, a depressão e a letargia.
- Contém vitamina A e luteína, que asseguram proteção para os olhos, mantendo uma boa visão.
- Um dos poucos alimentos que fornecem vitaminas K e D, que atuam em conjunto para manter os ossos fortes e saudáveis.
- Contém enxofre e lecitina, substâncias que ajudam o fígado na digestão e na desintoxicação.

Dicas práticas:
O ovo pode ser preparado de várias maneiras: cozidos, fritos ou mexidos. Omeletes ou fritadas com legumes podem ser consumidos como lanches rápidos, a qualquer hora do dia. Procure ovos caipira orgânicos – a gema de cor amarelo forte e sabor mais acentuado indica um valor nutricional mais elevado.

VOCÊ SABIA QUE...

Ovos enriquecidos com ômega-3 já são facilmente encontrados no comércio em geral? Eles vêm de galinhas alimentadas com rações enriquecidas com esses ácidos graxos.

PRINCIPAIS NUTRIENTES ENCONTRADOS EM 1 OVO DE TAMANHO MÉDIO

Calorias	65
Gordura total	4,37 g
Gordura monoinsaturada	1,68 g
Ácidos graxos ômega-3	32,6 mg
Ácidos graxos ômega-6	505 mg
Ácidos graxos ômega-9	1,582 mg
Proteína	5,53 g
Carboidrato	0,34 g
Vitamina A	214 UI
Vitamina D	22 UI
Vitamina B_2	0,21 mg
Vitamina B_5	0,63 mg
Vitamina B_{12}	0,57 mcg
Vitamina K	0,1 mcg
Colina	110,5 mg
Ferro	0,81 mg
Selênio	13,9 mcg
Zinco	0,49 mg
Luteína/zeaxantina	146 mcg

Omelete de ervas

SERVE 1 (F) (D) (M) (C)

2 ovos grandes
2 colheres de sopa de leite
3 colheres de sopa de manteiga
folhas de um maço de salsinha picadas
2 cebolinhas verdes, picadas
Sal e pimenta
1 raminho de cerefólio, para decorar
Folhas de salada, para acompanhar

Preparo

1 Quebre os ovos em uma tigela. Adicione o leite e tempere com sal e pimenta a gosto. Bata com um garfo até misturar bem.

2 Aqueça uma omeleteira ou frigideira de 20 cm em temperatura média para alta. Com uma espátula, espalhe 2 colheres de sopa de manteiga sobre o fundo e laterais da frigideira, até derreter.

3 Despeje os ovos batidos. Agite a frigideira sobre o fogo e use a espátula para espalhar os ovos, fazendo movimentos circulares. Não raspe o fundo.

4 Quando começar a firmar, use a espátula para empurrar o ovo cozido das beiradas para o centro, para que o ovo ainda cru vá para o fundo quente da panela. Faça isso por cerca de 3 minutos ou até que a omelete pareça pronta no fundo, mas levemente líquida na superfície.

5 Coloque as ervas picadas no centro da omelete. Incline a frigideira para que a omelete deslize para a beirada da panela. Dobre metade da omelete sobre as ervas, com a ajuda da espátula. Transfira a omelete para um prato e esfregue a superfície com o restante da manteiga. Decore com o raminho de cerefólio e sirva quente, acompanhada da salada de folhas verdes.

55 OVO DE CODORNA

Proporcionalmente, o ovo de codorna contém mais nutrientes e proteínas do que o ovo de galinha.

Apesar do tamanho, o ovo de codorna contém uma boa dose de luteína, carotenoide que ajuda a prevenir danos contra as gorduras do organismo. Cérebro, coração, pele, olhos e fígado são algumas dessas áreas gordurosas suscetíveis à degeneração. Há centenas de anos que a medicina chinesa usa o ovo de codorna para ajudar no combate a alergias que comprometem o sistema imunológico, como a asma e alergia ao pólen, e no combate a problemas de pele que podem acelerar o envelhecimento, como a acne, a psoríase e o eczema.

- Vitamina D ajuda a revitalizar os ossos e o cérebro. Um alimento que é boa fonte dessa vitamina é importante principalmente no inverno, quando há luz solar.
- Contém colina, que auxilia a função cerebral, preservando a memória e a concentração.
- Com alto teor de selênio, zinco e vitamina A, fornece proteção antioxidante, prevenindo o envelhecimento e favorecendo a renovação da pele.

Dicas práticas:
O ovo de codorna pode substituir o ovo de galinha em várias receitas. Seu atrativo é o tamanho em miniatura da gema e da clara, portanto, uma boa opção é cozinhar, cortar ao meio e usar para decorar saladas. Não se desmancha com a mesma facilidade dos ovos de galinha e tem sabor mais rico e acentuado.

VOCÊ SABIA QUE...

Na Romênia, o ovo de codorna é usado para tratar doenças? Um tratamento de 25 dias é conhecido como "cura com 120 ovos". Para doenças mais severas, o tratamento é o "cura com 240 ovos" e dura 45 dias.

PRINCIPAIS NUTRIENTES ENCONTRADOS EM 4 OVOS DE CODORNA

Nutriente	Quantidade
Calorias	56
Gordura total	4 g
Gordura monoinsaturada	1,56 g
Ácidos graxos ômega-6	338,4 mg
Ácidos graxos ômega-9	1,338 mg
Proteína	4,68 g
Carboidrato	0,16 g
Vitamina A	196 UI
Vitamina D	20 UI
Vitamina B_2	0,28 mg
Vitamina B_5	0,63 mg
Vitamina B_{12}	0,56 mcg
Colina	94,8 mg
Ferro	1,32 mg
Selênio	11,6 mcg
Zinco	0,52 mg
Luteína/zeaxantina	132 mcg

Salada de ovos de codorna

SERVE 4, COMO APERITIVO OU LANCHE (P) (F) (M) (C) (A)

24 ovos de codorna frescos
55 g de folhas verdes para salada
8 azeitonas pretas, sem caroços e cortadas em rodelas
1 colher de sopa de molho francês para saladas, pronto para usar
Pimenta

Cobertura

⅓ de xícara de avelã sem a pele
1 colher de sopa de sementes de cominho
1 colher de sopa de sementes de coentro
3 colheres de sopa de sementes de gergelim
½ colher de chá de sal marinho moído

Preparo

1 Cozinhe os ovos de codorna em água fervente por 3 minutos. Escorra e resfrie em água corrente fria. Descasque depois de completamente frios.

2 Prepare a cobertura: em uma frigideira, toste as avelãs e todas as sementes até que liberem o aroma (não deixe dourar muito). Misture o sal. Deixe esfriar por 5 minutos e amasse em um pilão.

3 Distribua as folhas para salada em 4 pratos ou tigelas individuais e salpique as azeitonas. Regue com o molho francês e disponha os ovos sobre a salada. Moa um pouco de pimenta-do-reino sobre os ovos. Cubra com as sementes torradas e sirva.

4

GRÃOS E FEIJÕES

São alimentos que contêm proteínas, carboidratos e gorduras. Ideais para vegetarianos, que devem comer pelo menos uma porção de grãos ou feijões por dia para assegurar a ingestão do quadro completo de aminoácidos. O teor elevado de fibras que apresentam ajuda o organismo a se livrar das toxinas responsáveis pelo envelhecimento e a manter os hormônios em níveis equilibrados, estimulando aparência e espírito jovens.

(P) Pele, cabelo e unhas
(F) Força e mobilidade
(D) Saúde digestiva e desintoxicação
(M) Saúde mental
(C) Saúde do coração
(A) Antioxidante facilitador da imunidade

56 ARROZ BASMATI INTEGRAL

Contém teor de fibras 20% acima dos outros tipos de arroz integral.

O basmati é um arroz de qualidade superior, com grãos integrais longos que fornecem mais nutrientes da casca e menos amido da parte interna do grão do que outras variedades de arroz. Isso faz com que ele libere os carboidratos na corrente sanguínea de forma mais lenta, mantendo os níveis de energia por mais tempo, regulando o apetite e reduzindo a compulsão por doces e alimentos gordurosos. A casca contém todos os óleos benéficos para a saúde, inclusive os ácidos graxos ômega-6 e a vitamina E, essenciais para uma pele viçosa e para a fertilidade, assim como as vitaminas do complexo B e o zinco.

VOCÊ SABIA QUE...

Basmati significa "o perfumado" em sânscrito? Seu aroma característico se deve à substância química 2-acetil-1-pirolina, também presente no arroz jasmine e no pão branco.

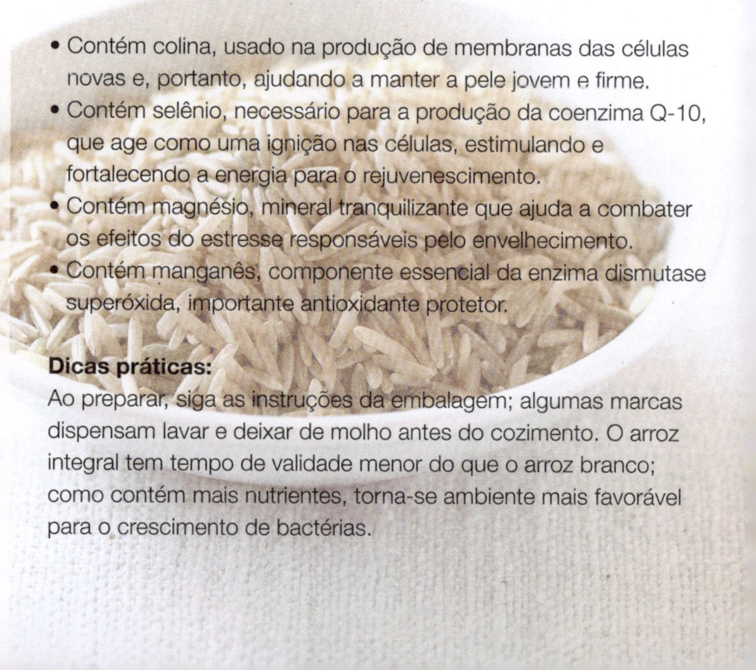

- Contém colina, usado na produção de membranas das células novas e, portanto, ajudando a manter a pele jovem e firme.
- Contém selênio, necessário para a produção da coenzima Q-10, que age como uma ignição nas células, estimulando e fortalecendo a energia para o rejuvenescimento.
- Contém magnésio, mineral tranquilizante que ajuda a combater os efeitos do estresse responsáveis pelo envelhecimento.
- Contém manganês, componente essencial da enzima dismutase superóxida, importante antioxidante protetor.

PRINCIPAIS NUTRIENTES ENCONTRADOS EM ½ XÍCARA DE ARROZ CRU

Nutriente	Quantidade
Calorias	370
Gordura total	2,92 g
ômega-6	1,000 mg
Proteína	7,94 g
Carboidrato	77,24 g
Fibra	3,5 mg
Vitamina B_1	0,4 mg
Vitamina B_3	5,09 mg
Vitamina B_5	1,49 mg
Vitamina B_6	0,51 mg
Colina	30,7 mg
Vitamina E	1,2 mg
Magnésio	143 mg
Ferro	1,47 mg
Manganês	3,74 mg
Selênio	23,4 mg
Zinco	2,02 mg

Dicas práticas:

Ao preparar, siga as instruções da embalagem; algumas marcas dispensam lavar e deixar de molho antes do cozimento. O arroz integral tem tempo de validade menor do que o arroz branco; como contém mais nutrientes, torna-se ambiente mais favorável para o crescimento de bactérias.

Arroz pilaf de feijão-preto

SERVE 4 (P) (F) (D) (C) (A)

4 colheres de sopa de azeite de oliva
1 cebola, picada
2 dentes de alho, bem picados
1 xícara de arroz basmati integral
2½ xícaras de caldo de legumes com pouco sal e pronto
1 pimentão vermelho, sem sementes e picado
2 talos de salsão, picados
225 g de cogumelos portobello, cremini ou paris, cortados em fatias finas
225 g de feijão-preto cozido, sem o caldo (pode ser em lata ou a vácuo)
3 colheres de sopa de salsinha fresca picada, mais a mesma quantidade para decorar
½ xícara de castanhas de caju
Sal e pimenta

Preparo

1 Aqueça metade do azeite em uma panela grande de fundo grosso. Junte a cebola e refogue por 5 minutos, ou até ficar macia, mexendo de vez em quando. Junte metade do alho e refogue por mais 2 minutos, sem parar de mexer. Acrescente o arroz, mexa por 1 minuto ou até que o azeite envolva bem os grãos. Junte o caldo de legumes e deixe levantar fervura, mexendo sempre. Diminua a chama, tampe a panela e cozinhe em fogo brando por 35-40 minutos ou até secar.

2 Enquanto cozinha o arroz, aqueça o restante do azeite em uma frigideira de fundo grosso. Adicione o pimentão vermelho e o salsão e refogue por 5 minutos, sem parar de mexer. Acrescente os cogumelos e o restante do alho e continue refogando e mexendo por mais 4-5 minutos.

3 Coloque o arroz na frigideira e mexa. Junte o feijão, a salsinha e as castanhas. Tempere a gosto e mantenha no fogo até aquecer bem, sempre mexendo. Transfira para uma travessa aquecida, decore com a salsinha e sirva.

57 PAINÇO

Este grão não contém glúten e apresenta teor elevado de ácidos graxos ômega-6.

Como não contém o glúten encontrado no trigo, na aveia, no centeio e na cevada, é mais fácil de ser digerido e tem menos tendências inflamatórias, causadoras de eczema, asma, acne, artrite, osteoporose e irritações intestinais. Além disso, os ácidos graxos ômega-6 presentes no painço ajudam a aliviar esses distúrbios, além de serem fundamentais para o metabolismo, para os sistemas imunológico e digestivo e para a desintoxicação. Eles ajudam a diminuir a compulsão por açúcar, óleos e gorduras, e são benéficos para a pele, cabelos e unhas.

- As vitaminas do complexo B fortalecem as glândulas suprarrenais e ajudam a prevenir o envelhecimento prematuro.
- Contém vitamina B3, que reduz o colesterol e mantém o bom funcionamento da função cerebral.
- Contém cobre e manganês, necessários para produzir grandes quantidades de enzima dismutase-superóxida, desintoxicante que ajuda a manter o corpo jovem a saudável.
- O fósforo é um importante coadjuvante na produção de energia de cada célula, pois estimula a formação de novos ossos e abastece o DNA que desencadeia a renovação de todo o corpo.

Dicas práticas:
O painço tem semente pequena, arredondada e normalmente de cor amarela, mas também pode ser encontrado nas versões branca ou avermelhada, com ou sem casca. Pode ser cozido ou consumido em mingaus ou adicionado a misturas de cereais como a granola.

VOCÊ SABIA QUE...

O painço foi um dos primeiros grãos a ser utilizado na alimentação? Isso significa que ele é de fácil digestão e provoca menos intolerância.

PRINCIPAIS NUTRIENTES ENCONTRADOS EM ½ XÍCARA DE PAINÇO CRU

Nutriente	Quantidade
Calorias	378
Gordura total	4,22 g
Ômega-6	2,015 mg
Proteína	11,02 g
Carboidrato	72,85 g
Fibra	8,5 mg
Vitamina B_1	0,42 mg
Vitamina B_2	0,29 mg
Vitamina B_3	4,72 mg
Vitamina B_5	0,85 mg
Vitamina B_6	0,38 mg
Magnésio	114 mg
Fósforo	285 mg
Manganês	1,63 mg
Cobre	Traços

Mingau de painço com purê de damascos

SERVE 4 (P) (F) (D) (M) (C) (A)

1 xícara de painço em flocos
2 xícaras de leite
1 pitada de sal
Noz-moscada ralada

Purê de damascos

¾ de xícara de damascos secos bem picados
1¼ de xícara de água

Preparo

1 Para fazer o purê, coloque os damascos em uma panela e cubra com a água. Deixe levantar fervura, diminua a chama e cozinhe em fogo brando, com a panela parcialmente tampada, por 20 minutos. Transfira os damascos e a água do cozimento para um processador ou liquidificador e bata até obter uma pasta lisa. Reserve.

2 Prepare o mingau: coloque o painço em flocos em uma panela e adicione o leite e o sal. Deixe levantar fervura, diminua a chama e cozinhe em fogo brando, sem parar de mexer, por 5 minutos ou até ficar cremoso. Divida entre 4 tigelas, coloque uma colher do purê de damascos por cima e salpique a noz-moscada. Sirva quente.

58 QUINUA

A quinua fornece todos os "tijolos" necessários para a regeneração de pele, ossos e cérebro.

VOCÊ SABIA QUE...

A quinua ou quinoa é uma semente originária da América do Sul, chamada de "grão-mãe" pelos incas? Era oferecida ao deus do sol Inti em cerimônias religiosas; todos os anos, o primeiro plantio era feito com pás de ouro maciço.

PRINCIPAIS NUTRIENTES ENCONTRADOS EM ⅔ DE XÍCARA DE QUINUA CRUA

Nutriente	Quantidade
Calorias	368
Gordura total	6,07 g
Ômega-6	2,977 mg
Proteína	14,12 g
Carboidrato	64,16 g
Fibra	7 mg
Vitamin B_1	0,36 mg
Vitamina B_2	0,32 mg
Vitamina B_3	1,52 mg
Vitamina B_5	0,77 mg
Vitamina B_6	0,49 mg
Folato	184 mg
Magnésio	197 mg
Ferro	4,57 mg
Fósforo	457 mg
Potássio	563 mg
Manganês	2,03 mg
Selênio	8,5 mcg
Zinco	3,1 mg

A quinua contém todos os aminoácidos essenciais, além de vários minerais e vitaminas do complexo B. Essas substâncias permitem que as proteínas da quinua sejam utilizadas com eficiência, assegurando a produção de grande quantidade de energia necessária para a renovação contínua da pele, cabelos, unhas, dentes, ossos e órgãos. Na verdade, a quinua não é um grão, e sim uma semente. Como tal, apresenta teor elevado de ácidos graxos ômega-6. Além disso, é uma ótima alternativa para quem é intolerante ao trigo e ao glúten.

- Contém fósforo, que produz fosfolipídios no cérebro e no sistema nervoso, preservando a mobilidade e o raciocínio.
- Contém potássio, que equilibra o sódio, reduzindo o inchaço e a pressão arterial.
- Contém zinco e selênio, que oferecem proteção antioxidante forte contra elementos causadores do envelhecimento, como a poluição, os raios solares e substâncias químicas.

Dicas práticas:

A quinua pode ser preparada da mesma maneira que o arroz. Tem sabor agradável, com um toque de nozes; combina bem com pratos da culinária mexicana e indiana. É versátil, podendo ser usada em receitas doces ou salgadas O grão inteiro ou a quinua em flocos é usada para preparar mingaus.

Tabule

SERVE 4 (P) (F) (M) (A)

1 xícara de quinua
2½ xícaras de água
10 tomates (cereja) maduros, cortados ao meio
1 pedaço de 7,5 cm de pepino, cortado em quatro e depois em fatias finas
3 cebolinhas verdes, com a parte branca carnuda, bem picadas
suco de ½ limão
2 colheres de sopa de azeite de oliva extravirgem
4 colheres de sopa de hortelã fresca picada
4 colheres de sopa de coentro fresco picado
4 colheres de sopa de salsinha fresca picada
Sal e pimenta

Preparo

1 Coloque a quinua em uma panela de tamanho médio e cubra com água. Deixe levantar fervura, diminua a chama, tampe a panela e cozinhe em fogo brando por 15 minutos. Escorra se necessário.

2 Deixe a quinua esfriar um pouco. Transfira para uma tigela, acrescente os demais ingredientes e misture. Tempere a gosto antes de servir.

59 TRIGO SARRACENO

É rico em flavonoides, que podem melhorar a circulação sanguínea e prevenir veias varicosas.

O trigo sarraceno não é um grão, mas uma semente, portanto, excelente fonte de fibra e energia, indicada a portadores de intolerância ao trigo e ao glúten. Ele é de digestão mais fácil e mais alcalinizante do que o trigo, ajudando todos os processos físicos a trabalhar com eficiência, em qualquer idade, sendo excelente fonte de energia. É recomendado para diabéticos, pois libera açúcar na corrente sanguínea de maneira bem lenta. Assim como o painço, contém nutrilosídes, substâncias importantes no processo de desintoxicação que auxiliam na eliminação das toxinas nocivas responsáveis pelo envelhecimento.

- Contém lecitina, que ajuda a decompor as gorduras no fígado e dos alimentos ingeridos, auxiliando a desintoxicação e reduzindo a compulsão por alimentos gordurosos.
- Contém magnésio e potássio, que, juntos, mantêm o coração saudável e os ossos fortes, assegurando a juventude dos movimentos.
- Contém selênio, que atua na produção de glutationa e de coenzima Q-10, antioxidantes rejuvenescedores.

Dicas práticas:
Trigo sarraceno é uma alternativa ao arroz. Pode ser encontrado em flocos e usado no preparo de mingaus. A farinha de trigo sarraceno é excelente para substituir a farinha de trigo em massas de panquecas.

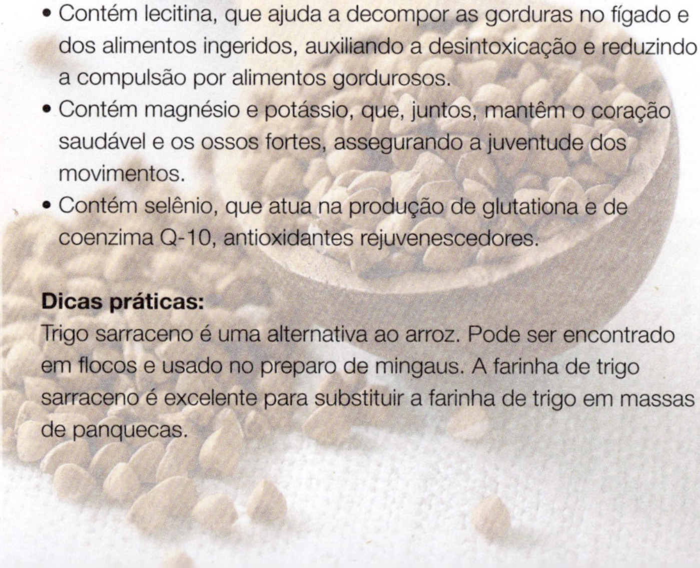

VOCÊ SABIA QUE...

Apesar do nome, ele não pertence à família do trigo nem é um grão? É a semente de um fruto, da mesma família do ruibarbo e da azedinha.

PRINCIPAIS NUTRIENTES ENCONTRADOS EM ⅔ DE XÍCARA DE TRIGO SARRACENO

Nutriente	Quantidade
Calorias	343
Gordura total	3,4 g
Ômega-6	1,052 mg
Proteína	13,25 g
Carboidrato	71,5 g
Fibra	10 mg
Vitamina B_2	0,43 mg
Vitamina B_3	7,02 mg
Vitamina B_5	1,23 mg
Vitamina B_6	0,21 mg
Folato	30 mcg
Magnésio	231 mg
Potássio	460 mg
Manganês	1,33 mg
Selênio	8,3 mcg
Zinco	2,4 mcg

Ensopado de trigo sarraceno com tomate

SERVE 4 (F) (D) (C) (A)

2 colheres de sopa de azeite de oliva
1 cebola picada
2 dentes de alho espremidos
1 xícara de trigo sarraceno
400 g de tomates pelados em lata, picados
½ colher de chá de extrato de tomate
1 xícara de caldo de legumes com pouco sal pronto
1 colher de sopa de sálvia fresca picada ou ½ colher de sopa de sálvia seca
1 pitada de pimenta calabresa em flocos
¾ de xícara de queijo feta escorrido, em farelos
Sal e pimenta

Preparo

1 Aqueça o azeite em uma frigideira funda com tampa, na temperatura média. Adicione a cebola e o alho e frite por 5 minutos. Junte o trigo sarraceno e mexa por 1 minuto até começar a tostar.

2 Acrescente os tomates, o extrato de tomate, o caldo de legumes, a sálvia e os flocos de pimenta. Tempere com sal e pimenta a gosto. Continue mexendo até dissolver o extrato de tomate e levantar fervura. Diminua a chama, tampe a panela e cozinhe em fogo brando por 20-25 minutos, até amolecer o trigo sarraceno e secar.

3 Misture o queijo feta delicadamente e deixe descansar por 20 minutos, com a panela tampada. Mexa com um garfo, com cuidado, antes de servir.

60 ESPELTA

O teor elevado de fibras ajuda a controlar variações de peso e a manter uma silhueta elegante e boa disposição.

Por não ter sofrido as mesmas alterações genéticas que o trigo, a espelta tem menor teor de glúten, sendo, portanto, mais fácil de digerir e mais bem aceita por quem tem uma leve intolerância ao trigo. Por outro lado, a espelta apresenta maior teor de ferro e vitamina K, benéficos para o sangue. Além disso, contém alto teor de ácidos graxos ômega-6. Esses ácidos atuam no sistema nervoso, assegurando a agilidade das reações cerebrais e musculares.

- O selênio ativa os hormônios da tireoide, ajudando a queimar energias e calorias.
- O teor de fibra desacelera a velocidade de decomposição dos alimentos, estabilizando os níveis de açúcar no sangue e ajudando a resistir aos alimentos de preparo rápido, que contribuem para o aumento de peso.
- Contém manganês e vitamina B3, que ajudam a produzir insulina, componente importante no controle do nível de açúcar no sangue.

Dicas práticas:
Pães e biscoitos de espelta podem ser encontrados em lojas de alimentos naturais e orgânicos. Espelta pode substituir arroz ou batatas. Contudo, é aconselhável que pessoas que tenham intolerância severa ao trigo evitem consumi-la, pois contém proteínas semelhantes às do trigo, que podem provocar os mesmos sintomas e reações.

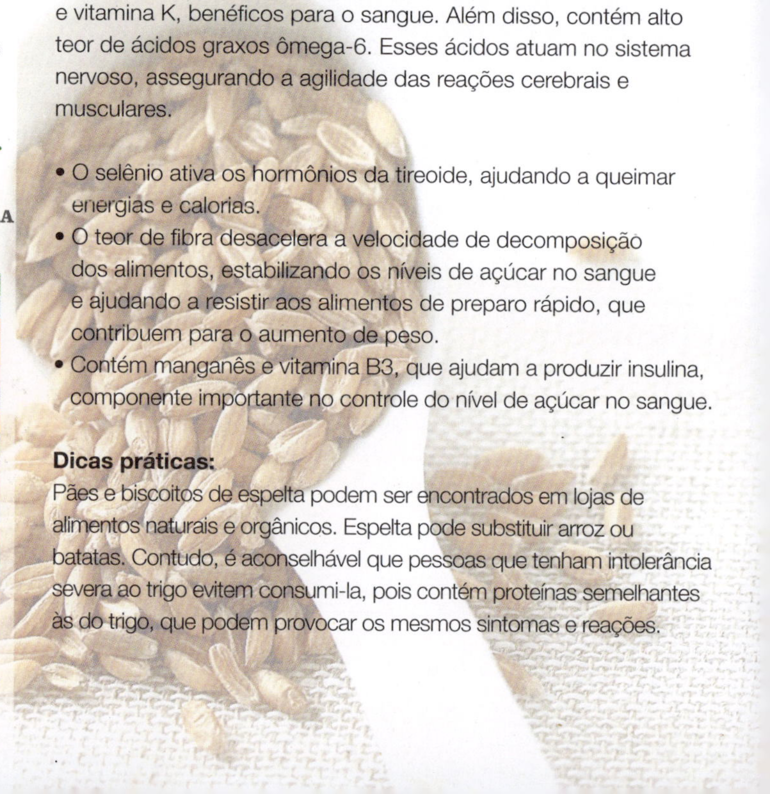

VOCÊ SABIA QUE...

A espelta ou trigo vermelho é uma das mais antigas variedades de trigo? Foi um dos primeiros grãos usados para fazer pães e era comum entre os antigos gregos e romanos.

PRINCIPAIS NUTRIENTES ENCONTRADOS EM ½ XÍCARA DE ESPELTA

Nutriente	Quantidade
Calorias	338
Gordura total	2,43 g
Ômega-6	1,193 mg
Proteína	14,57 g
Carboidrato	70,19 g
Fibra	10,7 mg
Vitamina B_1	0,36 mg
Vitamina B_3	6,84 mg
Vitamina B_5	1,07 mg
Vitamina B_6	0,23 mg
Magnésio	136 mg
Potassio	388 mg
Fósforo	401 mg
Ferro	4,44 mg
Manganês	2,98 mg
Selênio	11,7 mcg
Zinco	3,28 mg

Risoto 3 grãos com abóbora e aspargo

SERVE 4 (F) (M) (C)

200 g de abóbora (a sua escolha), sem a casca e sem sementes, cortada em 4 pedaços
1 colher de chá de azeite de oliva
⅔ de xícara de cebola, bem picada
1 colher de chá de alho espremido
⅓ de xícara de risoto de grãos variados (use espelta, arroz cateto e cevadinha ou compre uma mistura de grãos e arroz em lojas ou mercados de produtos naturais orgânicos)
2½ xícaras de caldo de legumes com pouco sal pronto
225 g de aspargos
2 colheres de sopa de manjerona fresca picada, mais a mesma quantidade para decorar
3 colheres de sopa de coalhada fresca ou iogurte natural de consistência firme
2 colheres de sopa de salsinha fresca picada
Pimenta

Preparo

1 Preaqueça o forno a 200ºC. Disponha a abóbora em uma assadeira antiaderente e asse por 20 minutos ou até ficar macia e dourada.

2 Enquanto assa, aqueça o azeite em fogo alto em uma panela média. Adicione a cebola e o alho e frite, sem parar de mexer, até ficar transparente. Junte os grãos e metade do caldo de legumes. Cozinhe em fogo baixo, sem parar de mexer, até reduzir o caldo. Acrescente o restante do caldo e cozinhe, sempre em fogo baixo e mexendo de vez em quando, até que os grãos fiquem macios.

3 Corte ¾ da quantidade de aspargos em pedaços de 10 cm de comprimento. Cozinhe em água fervente por 2 minutos. Escorra e mantenha aquecido. Pique o restante dos aspargos em pedaços de 5 mm e junte ao risoto nos últimos 3 minutos de cozimento.

4 Retire o risoto do fogo e misture a manjerona, o iogurte ou coalhada e a salsinha. Tempere com pimenta. Não aqueça novamente.

5 Divida entre pratos ou tigelas individuais aquecidas, distribua a abóbora e os aspargos sobre as porções de risoto e decore com a manjerona picada.

61 CENTEIO

Excelente substituto do trigo, o centeio tem menor teor de glúten.

O centeio contém teor elevado de minerais e fibras, que ajudam o organismo a eliminar toxinas nocivas e o colesterol prejudicial. Além disso, 20% de suas calorias vêm de proteínas e de uma boa mistura de aminoácidos, necessários para a reconstrução e restauração de todas as estruturas corporais, desde a pele até os dentes. Os níveis de proteína e fibra do centeio asseguram um índice glicêmico de 26, muito baixo; isso significa que ele libera açúcar na corrente sanguínea muito lentamente, preservando a energia por mais tempo e aumentando a saciedade. Essa ação é fortalecida pelo teor razoável de magnésio, vitamina B6 e zinco, que ajudam na produção de insulina e na utilização eficiente de açúcar pelo organismo.

- Contém luteína e zeaxantina, carotenoides que oferecem proteção antioxidante a danos do cérebro, coração, fígado e pele.
- Apresenta teor elevado de magnésio, que ajuda a fabricar as proteínas necessárias ao organismo e a manter a juventude da pele e dos ossos.
- Contém vitamina B5, que ajuda a evitar os efeitos do estresse.

Dicas práticas:
O centeio integral é mais escuro e mais nutritivo do que os outros tipos de centeio. de coloração mais clara. Em geral, os supermercados comercializam o pão feito com farinha de centeio de coloração média, misturada com farinha de trigo, para que o pão fique mais fofo e macio. Verifique as informações nutricionais da embalagem antes de comprar.

VOCÊ SABIA QUE...

Em vários países, como na Polônia, Finlândia e Rússia, a farinha de centeio é mais utilizada para fazer pães do que a farinha de trigo? Nesses países, ela pode vir acrescida de sementes de erva-doce, de coentro, de melaço ou de cardamomo.

PRINCIPAIS NUTRIENTES ENCONTRADOS EM ¾ DE XÍCARA DE FARINHA DE CENTEIO INTEGRAL

Nutriente	Quantidade
Calorias	325
Gordura total	2,22 g
Ômega-6	958 mg
Proteína	15,91 mg
Carboidrato	15,91 g
Fibra	23,8 mg
Vitamina B_1	0,32 mg
Vitamina B_2	0,25 mg
Vitamina B_3	4,27 mg
Vitamina B_5	1,46 mg
Vitamina B_6	0,44 mg
Magnésio	160 mg
Ferro	4,97 mg
Manganês	6,06 mg
Selênio	18 mcg
Zinco	5,04 mg
Luteína/zeaxantina	210 mcg

Pão de centeio

RENDE 1 PÃO INTEIRO GRANDE (P) (F) (D) (M) (C)

3¼ xícaras de farinha de centeio integral
1⅔ xícara de farinha de trigo, mais a quantidade para polvilhar
2 colheres de chá de sal
2 colheres de chá de açúcar mascavo
1½ colher de fermento biológico seco instantâneo
2 xícaras de água morna
2 colheres de chá de azeite de oliva, mais a quantidade para untar
1 clara de ovo

Preparo

1 Peneire as farinhas e o sal em uma tigela. Junte o açúcar e o fermento e misture. Faça um buraco no centro e despeje a água morna e o azeite. Mexa primeiro com uma colher de pau e depois com as mãos, até que a massa desgrude da tigela. Transfira para uma mesa ou bancada ligeiramente enfarinhada e sove por 10 minutos, até obter uma massa elástica e macia.

2 Unte uma tigela com o azeite. Molde a massa em formato de bola, coloque na tigela untada e cubra com um pano de prato umedecido. Deixe crescer em local aquecido até dobrar de volume.

3 Unte uma assadeira com o azeite. Transfira a massa para uma mesa ou bancada enfarinhada, dê um soco com o punho fechado e sove por mais 10 minutos. Molde em formato de bola e coloque na assadeira untada. Cubra com um pano de prato umedecido e deixe crescer em local aquecido por mais 40 minutos ou até dobrar de volume. Enquanto o pão cresce, aqueça o forno a 190ºC.

4 Bata a clara com uma colher de sopa de água. Asse o pão por 20 minutos, retire do forno e pincele a superfície com a clara batida. Asse por mais 20 minutos e retire do forno. Pincele a superfície do pão com a clara novamente e continue assando por 20-30 minutos, até ficar bem dourado e obter um som oco ao bater com os dedos na base do pão. Transfira para uma grade de metal e deixe esfriar.

62 TRIGO GERMINADO

Os grãos germinados contêm o dobro de fibras dietéticas do grão comum.

VOCÊ SABIA QUE...

O trigo e os germinados se tornaram populares entre os seguidores de uma dieta saudável que tentam retomar a baixa incidência de doenças relacionadas com o envelhecimento apresentada por nossos antepassados?

PRINCIPAIS NUTRIENTES ENCONTRADOS EM 1 XÍCARA DE TRIGO GERMINADO

Nutriente	Quantidade
Calorias	198
Gordura total	1,27 g
Ômega-6	531 mg
Proteína	7,49 mg
Carboidrato	42,53 g
Fibra	1,1 mg
Vitamina C	2,6 mg
Vitamina B_1	0,23 mg
Vitamina B_3	3,09 mg
Vitamina B_5	0,95 mg
Vitamina B_6	0,27 mg
Magnésio	82 mg
Ferro	2,14 mg
Manganês	1,86 mg
Selênio	42,5 mcg
Zincc	1,65 mg
Colina	Traços
Betaína	Traços

O trigo contém a fibra inulina, substância que alimenta a bactéria benéfica do trato digestivo, fortalecendo os sistemas digestivo e imunológico. A germinação do trigo destrói várias substâncias, incluindo as lecitinas, causadoras de alergias e intolerâncias. Além disso, a semente germinada é abastecida com enzimas que facilitam sua digestão. Nossos antepassados se alimentavam de trigo germinado e, por isso, nosso organismo está mais adaptado a este trigo. O trigo moderno tende a provocar prisão de ventre e congestão nasal, principalmente quando consumido com muita frequência.

- Contém magnésio, necessário em 300 funções do organismo responsáveis pela vivacidade e força, incluindo a agilidade da função cerebral e a saúde do coração.
- Contém colina, que ajuda o fígado a desempenhar sua função e assegura uma melhor absorção da energia dos alimentos.
- Contém betaína, importante em todos os processos corporais, benéfica para a saúde do coração, para a desintoxicação e para a formação de novas células.

Dicas práticas:
Pão com trigo germinado já pode ser encontrado em lojas de produtos naturais orgânicos, tornando-se uma ótima alternativa para portadores de intolerância a leveduras e fermento. Os grãos de trigo germinado podem ser usados em receitas de pães integrais ou em saladas, no estilo do Oriente Médio, misturado a cebolas, tomates, pinolis e ervas.

Salada com trigo germinado e legumes

SERVE 4 (D) (M) (C)

4 cenouras pequenas cortadas em fatias finas
1½ xícara de ervilha torta
2 xícaras de brócolis, só os floretes
6 cebolinhas verdes, com a parte branca carnuda, picadas
12 tomates (cereja) cortados ao meio
3¾ de xícara de trigo germinado fresco, pesando cerca de 400 g
1 punhado de folhas de coentro frescas para acompanhar

Molho

3 colheres de sopa de azeite de oliva extravirgem
Suco de ½ limão
Sal e pimenta

Preparo

1. Cozinhe em água fervente ou no vapor as cenouras, as ervilhas e o brócolis por 2 minutos. Resfrie sob água corrente fria e seque com um pano de prato limpo ou toalhas de papel.
2. Coloque os legumes em uma saladeira e acrescente as cebolinhas e os tomates. Misture o trigo germinado.
3. Prepare o molho: em uma tigela pequena, misture o azeite, o suco de limão, sal e pimenta. Tempere a salada com esse molho. Espalhe as folhas de coentro por cima e sirva.

63 ALFALFA

O broto de alfafa é bastante conhecido por suas excelentes propriedades desintoxicantes, que auxiliam na remoção de metais tóxicos nocivos ao organismo.

A alfafa tem a propriedade de nos ajudar a conviver com o alumínio, o mercúrio, o chumbo e outros metais pesados presentes no ambiente industrializado em que vivemos. Isso acontece devido ao teor de clorofila, substância pela qual os vegetais geram energia através do sol. A clorofila contém todos os aminoácidos de que precisamos para corrigir a função hepática e a estrutura dos vasos sanguíneos, inclusive a lisina, que atua na remoção de placas das paredes das artérias e destrói vírus, como o da gripe, o da herpes e o da herpes-zóster (cobreiro). Além disso, a alfafa é uma das fontes mais ricas em saponinas, que ajudam a baixar o colesterol.

- Usada nas medicinas tradicionais da China e da Índia no tratamento de distúrbios digestivos, artrite e retenção de líquido.
- Apresenta teor elevado de vitamina A e betacaroteno, protetores naturais dos raios solares UV.
- Contém todos os nutrientes essenciais para combater o envelhecimento.

Dicas práticas:
É um dos brotos mais fáceis de geminar em um vidro, em casa. Tanto o vidro adequado quanto as sementes podem ser encontrados em lojas de alimentos naturais, onde o broto também é comercializado. Sempre coma broto de alfafa cru, salpicado sobre saladas ou como ingrediente de sanduíches.

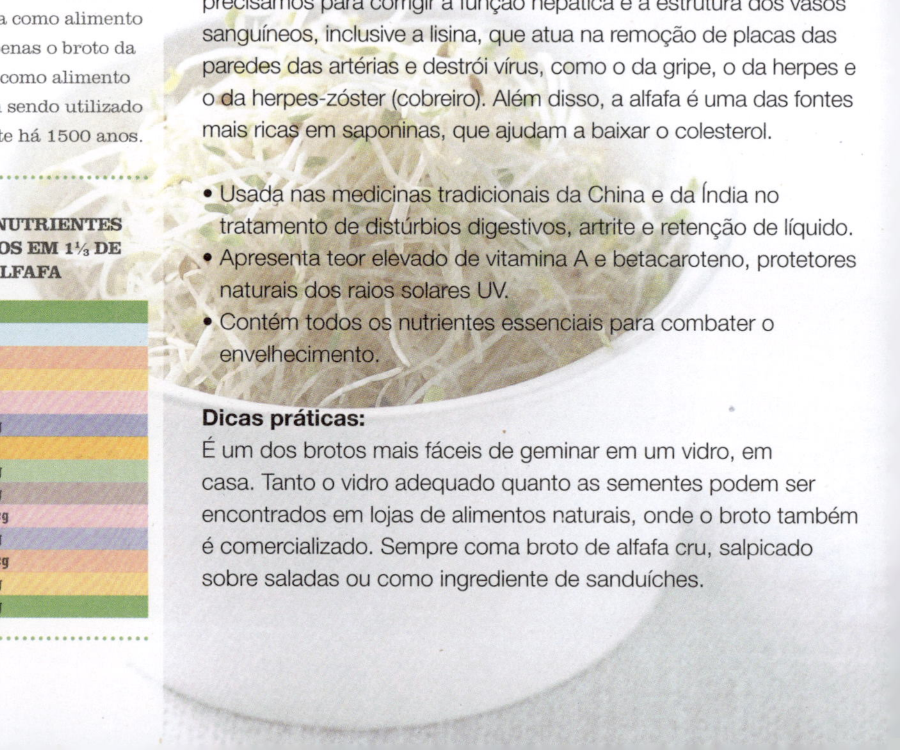

VOCÊ SABIA QUE...

A alfafa madura é cultivada em larga escala nos Estados Unidos e usada como alimento para gado? Apenas o broto da alfafa é usado como alimento humano e vem sendo utilizado medicinalmente há 1500 anos.

PRINCIPAIS NUTRIENTES ENCONTRADOS EM 1⅓ DE XÍCARA DE ALFAFA

Nutriente	Quantidade
Calorias	9,2
Gordura total	0,28 g
Proteína	1,6 g
Carboidrato	0,84 g
Fibra	0,76 g
Vitamina C	3,28 mg
Vitamina A	62 UI
Vitamina B_3	0,19 mg
Vitamina B_5	0,22 mg
Vitamina K	30,5 mcg
Colina	5,76 mg
Betacaroteno	34,8 mcg
Cálcio	12,8 mg
Magnésio	10,8 mg

Suco energizante de alfafa

SERVE 1–2 (F) (D) (M) (C) (A)

1 abobrinha pequena
1 talo de salsão
1½ xícara de folhas de espinafre bem tenras
1⅓ de xícara de brotos de alfafa, mais a quantidade para decorar
2 maçãs, sem casca e sem sementes

Preparo

1 Corte as pontas das abobrinhas e passe em uma centrífuga para sucos com o talo de salsão. Adicione o espinafre, a alfafa e as maçãs, passando todos na centrífuga nessa ordem. Despeje em copos e decore com alguns brotinhos de alfafa.

64 MILHO

O amarelo do milho é resultante do teor elevado de carotenoides, que protegem contra o envelhecimento dos olhos, do cérebro, da pele e do coração.

VOCÊ SABIA QUE...

O milho é um cereal nativo da América Central e do México? Existem evidências de que a farinha de milho já era usada pelos nativos americanos há 7000 anos. É um dos cereais mais cultivados no mundo.

PRINCIPAIS NUTRIENTES ENCONTRADOS EM ¾ DE XÍCARA DE FARINHA DE MILHO OU FUBÁ

Nutriente	Quantidade
Calorias	361
Gordura total	3,86 g
Ômega-6	1,706 mg
Proteína	6,93 g
Carboidrato	76,85 g
Fibra	7,3 g
Vitamina A	214 UI
Vitamina B_1	0,24 mg
Vitamina B_3	1,9 mg
Vitamina B_5	0,66 mg
Vitamina B_6	0,37 mg
Betacaroteno	97 mcg
Luteína/zeaxantina	1,355 mcg
Magnésio	93 mg
Potássio	315 mg
Selênio	15,4 mcg
Zinco	1,73 mg

Betacaroteno, luteína e zeaxantina, carotenoides presentes em uma combinação perfeita e eficiente no milho, atuam com outros antioxidantes – a vitamina A e os minerais selênio e zinco – para fortalecer a imunidade e proteger de inflamações. Além disso, contém ácido ferúlico, que parece ter efeito positivo contra tumores de mama e de fígado; é também usado por atletas e esportistas para melhorar a força e aumentar a massa muscular magra; por ser antioxidante, protege contra os radicais livres nocivos produzidos quando há gastos de energia. O ácido ferúlico também protege as membranas e, portanto, fortalece a pele e combate os sinais de envelhecimento.

- Contém vitamina A e luteína, que protegem os olhos contra a degeneração macular, associada à idade avançada.
- É rico em ácidos graxos ômega-6, que estimulam ações anti-inflamatórias e imunológicas, assegurando o bem-estar.
- Não contém glúten e libera açúcar muito lentamente, garantindo energia associada à juventude.

Dicas práticas:

As tortillas de milho podem ser usadas como substituto do pão em dietas que pedem a redução do consumo de trigo e leveduras. Contudo, é aconselhável verificar os ingredientes na embalagem, pois as tortilhas mais macias podem conter trigo. A polenta é uma boa alternativa ao arroz ou cuscuz e pode ser usada como base de bolos sem trigo.

Pão de milho com pimentão vermelho

RENDE 1 PÃO DE 450 G

1 pimentão vermelho grande, sem sementes e picado
1 xícara de fubá fino ou grosso
¾ de xícara de farinha de trigo
1 colher de sopa de fermento em pó
1 colher de chá de sal
2 colheres de chá de açúcar mascavo
1 xícara de leite
2 ovos, ligeiramente batidos
3 colheres de sopa de azeite de oliva, mais a quantidade para untar

(P) (F) (A)

Preparo

1 Preaqueça o forno a 200ºC. Unte com um pouco de azeite uma forma de pão de 20 x 10 x 5 cm. Coloque o pimentão vermelho em outra assadeira e asse por 35 minutos, até ficar macio e a pele começar a formar bolhas. Deixe esfriar e retire a pele.

2 Enquanto assa o pimentão, misture o fubá, a farinha de trigo, o fermento, o sal e o açúcar em uma tigela. Em outra tigela, bata os ovos, o leite e o azeite. Despeje lentamente sobre os ingredientes secos. Misture tudo com uma colher de pau, até obter uma massa líquida, porém espessa e lisa.

3 Pique o pimentão e misture-o delicadamente à massa. Transfira para a forma de pão. Asse por 30 minutos ou até ficar ligeiramente dourado. Deixe esfriar por 10 minutos. Passe uma faca rente às laterais da forma e desenforme o pão sobre uma grade de metal. Depois de completamente frio, embale em papel-alumínio ou em um saco plástico bem fechado.

65 LENTILHA

As proteínas compõem 26% do valor calórico da lentilha, que fortalece a pele, unhas e cabelos.

A lentilha fornece uma boa dose de fibras insolúveis, um tipo de fibra não digerida pelo trato digestivo e que atua na limpeza dos intestinos, absorvendo e eliminando as toxinas responsáveis pelo envelhecimento. As fibras insolúveis mantêm a regularidade da digestão e previnem a constipação, que pode levar a um aumento de colesterol, descontrole hormonal e inchaço. Elas também reduzem o risco de câncer retal e de cólon. A lentilha contém fibras ricas em amido, responsáveis por prover uma fonte de energia de alta qualidade, consumida de forma lenta e contínua, sem perigo de alterações do nível de açúcar no sangue e, assim, evitando ganhos de peso.

- Uma das melhores fontes de ferro entre os alimentos de origem vegetal, a lentilha assegura que o oxigênio circule livremente pelo organismo, mantendo a juventude e o bem-estar.
- Os minerais antioxidantes zinco e selênio atuam no fígado para protegê-lo das toxinas responsáveis pelo envelhecimento.
- Contém vitaminas do complexo B, folato e magnésio, que ajudam a manter o coração jovem.
- Contém manganês, que ajuda a levar o cálcio até os ossos, mantendo-os fortes e prevenindo a osteoporose.

Dicas práticas:
Deixe de molho de um dia para o outro para eliminar os amidos que causam problemas. Cozinha em pouco tempo e pode ser adicionada a sopas ou cozidos de legumes, aumentando o teor de proteínas.

VOCÊ SABIA QUE...

A lentilha é usada como alimento humano desde a Idade da Pedra? Quando nossos ancestrais passaram da caça às primeiras plantações, a lentilha foi um dos primeiros grãos a ser cultivado.

PRINCIPAIS NUTRIENTES ENCONTRADOS EM ½ XÍCARA DE LENTILHA SECA

Nutriente	Quantidade
Calorias	352
Gordura total	1,06 g
Proteína	25,8 g
Carboidrato	60,08 g
Fibra	30,5 g
Vitamina B_1	0,87 g
Vitamina B_2	0,21 mg
Vitamina B_3	2,61 mg
Vitamina B_5	2,14 mg
Vitamina B_6	0,54 mg
Folato	479 mcg
Magnésio	122 mg
Ferro	7,54 mg
Manganês	1,33 mg
Selênio	8,3 mcg
Zinco	4,78 mg

Lentilhas picantes com espinafre

SERVE 4–6 (P) (F) (D) (C) (A)

2 colheres de sopa de azeite de oliva
1 cebola grande, bem picada
1 dente de alho grande, espremido
½ colher de sopa de cominho em pó
½ colher de chá de gengibre em pó
1¼ de xícara de lentilhas verdes francesas (ver pág. 87)
2½ xícaras de caldo de legumes com pouco sal pronto
100 g de folhas de espinafre bem tenras
2 colheres de sopa de folhas de hortelã fresca
1 colher de sopa de folhas de coentro fresco
1 colher de sopa de salsinha fresca
Suco de limão
Sal e pimenta
Tirinhas de casca de limão para decorar

Preparo

1 Aqueça o azeite em uma frigideira grande em fogo médio. Junte a cebola e refogue por cerca de 6 minutos, mexendo algumas vezes. Acrescente o alho, o cominho e o gengibre e continue refogando até que a cebola comece a dourar. Adicione as lentilhas e mexa. Junte o caldo na quantidade suficiente para cobrir as lentilhas em até 2,5 cm e deixe levantar fervura. Diminua a chama e cozinhe em fogo brando por 20-30 minutos, até que as lentilhas fiquem macias.

2 Enquanto espera, lave as folhas de espinafre várias vezes em água corrente e seque. Pique bem a hortelã, o coentro e a salsinha.

3 Se necessário, acrescente mais caldo na panela das lentilhas. Junte o espinafre e mexa até murchar. Misture a hortelã, o coentro e a salsinha. Transfira para uma travessa, decore com as tiras de limão e sirva.

66 FEIJÃO-ADZUKI

Além de excelente fonte de proteína, o feijão-adzuki contém uma dose de fibras solúveis que mantém a pele elástica e as unhas e cabelos em perfeitas condições.

As propriedades antioxidantes dos feijões não foram valorizadas por muito tempo. Estudos recentes, porém, mostraram que essa característica dos feijões é semelhante à das maçãs, das frutas vermelhas e das uvas rosadas. O adzuki fornece ricas quantidades de flavonoides protetores, especialmente a catequina, também presente no chá-verde, e a proantocianidina. Combinados ao teor elevado de vitaminas do complexo B, fibras e proteínas, os flavanoides fazem do feijão-adzuki um ótimo alimento para a pele, por isso é usado em muitos cremes que combatem os sinais de envelhecimento.

- Contém folato, que atua no crescimento de novas células, assegurando a constante renovação da pele, unhas, órgãos e células cerebrais.
- Contém zinco, que também estimula o crescimento celular e protege as células contra os efeitos do envelhecimento.
- Contém potássio, que previne o inchaço e reduz a pressão arterial.

Dicas práticas:
Feijão-adzuki pré-cozido e congelado é encontrado em lojas de produtos naturais e em grande redes de supermercado e pode ser facilmente usado em saladas, sopas e cozidos. Se optar por cozinhar em casa, adicione um pedaço de alga kombu à água do cozimento ou troque a água várias vezes, para eliminar alguns dos amidos que dificultam a digestão.

VOCÊ SABIA QUE...

O feijão-adzuki é muito cultivado na Ásia Oriental e no Himalaia, onde é comum ser usado no preparo de doces em pasta e sorvetes?

PRINCIPAIS NUTRIENTES ENCONTRADOS EM ½ XÍCARA DE FEIJÃO-ADZUKI SECO

Nutriente	Quantidade
Calorias	329
Gordura total	0,53 g
Proteína	19,87 g
Carboidrato	62,90 g
Fibra	12,7 g
Vitamina B_1	0,45 g
Vitamina B_2	0,22 mg
Vitamina B_3	2,63 g
Vitamina B_5	1,47 mg
Vitamina B_6	0,35 mg
Folato	622 mcg
Cálcio	66 mg
Magnésio	127 mg
Potássio	1,254 mg
Fósforo	381 mg
Ferro	4,98 mg
Zinco	5,04 mg

Bebida colorida de coco e manga

SERVE 6 (P) (D) (M) (C) (A)

1 xícara de feijão-adzuki seco, deixado de molho por 4 horas e escorrido
1 xícara de feijão-mungo amarelo seco, deixado de molho por 3 horas e escorrido
3 xícaras de leite de coco, sem açúcar
1 colher de chá de sal
1 manga grande e madura, sem a casca e sem o caroço, picada
Sementes de gergelim, para decorar
Gelo moído, para acompanhar

Preparo

1 Coloque o feijão-adzuki em uma panela e adicione água na quantidade suficiente para cobrir os feijões em até 5 cm e deixe levantar fervura. Diminua a chama e cozinhe em fogo médio por 2 horas ou até a água secar e os feijões estiverem cozidos. Mexa algumas vezes.

2 Enquanto espera, coloque o feijão-mungo em outra panela e adicione água na quantidade para cobrir os feijões em até 1 cm e deixe levantar fervura. Diminua a chama e cozinhe em fogo médio por 20-25 minutos ou até secar. Deixe esfriar.

3 Em uma panela à parte, ferva o leite de coco. Diminua o fogo e junte o sal, mexendo até dissolver. Deixe esfriar.

4 Prepare a bebida em copos altos, fazendo camadas de 2-3 colheres de sopa de cada ingrediente nessa ordem: leite de coco, feijão-adzuki, gelo moído, leite de coco, feijão--mungo, gelo moído, leite de coco e manga. Salpique um pouco de sementes de gergelim em cada copo para decorar. Sirva com uma colher de cabo longo.

67 FEIJÃO-MUNGO

Mais fácil de digerir do que outros tipos de feijão, o feijão-mungo é boa fonte de fibras que combatem o inchaço e o desenvolvimento de toxinas que podem envelhecer a pele.

Para vegetarianos, é boa fonte de ferro e de vitaminas do complexo B, que aumentam a energia. Tanto o ferro quanto as vitaminas B são necessários para uma boa saúde mental; teor reduzido dessas substâncias pode acarretar fadiga e mau humor, além de pele, cabelos e unhas maltratados. O feijão-mungo contém cálcio, magnésio e potássio, minerais eletrólitos necessários em grandes quantidades para assegurar o bom funcionamento do coração, cérebro e músculos.

- O folato mantém a pele renovada e viçosa e estimula a fertilidade.
- O potássio mantém o organismo alcalinizado, fazendo com que a eliminação de toxinas responsáveis pelo envelhecimento fique mais eficiente.
- O cálcio e o magnésio em quantidades equilibradas ajudam a manter o sistema nervoso calmo e a prevenir o estresse, evitando problemas de saúde e o envelhecimento prematuro.
- Contém colina, que ajuda a deter o crescimento de gorduras no fígado, o que pode interferir no processo de desintoxicação.

Dicas práticas:
Como as lentilhas, o feijão-mungo seco tem cozimento rápido, não mais do que 20 minutos. É uma ótima opção para enriquecer sopas e cozidos. O feijão-mungo enlatado deve ser bem lavado antes de consumido.

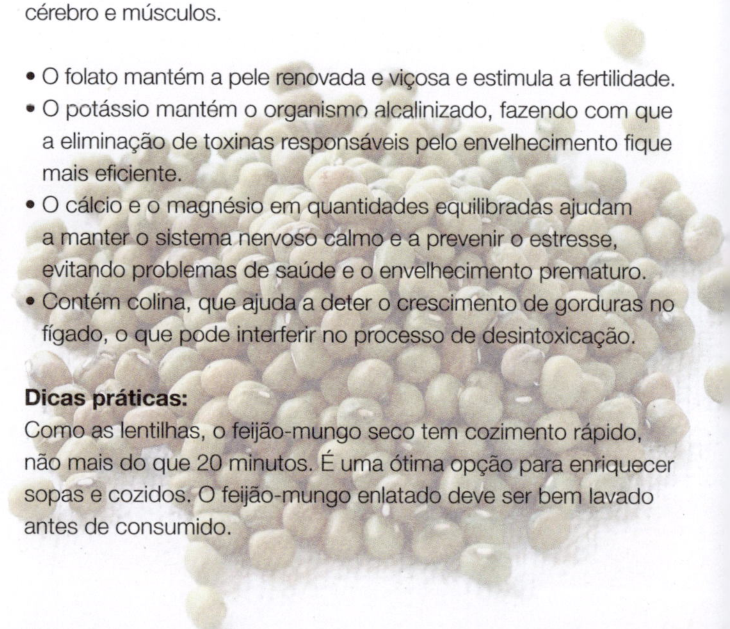

VOCÊ SABIA QUE...

O feijão-mungo, conhecido no Brasil como feijão-verde, é originário da Índia, Paquistão e Bangladesh? Seu nome vem do idioma híndi, "moong". É tradicionalmente usado na culinária desses países alternado no dia a dia com a lentilha.

PRINCIPAIS NUTRIENTES ENCONTRADOS EM ½ XÍCARA DE FEIJÃO-MUNGO SECO

Nutriente	Quantidade
Calorias	347
Gordura tota	1,15 g
Proteína	23,86 g
Carboidrato	62,62 g
Fibra	6,3 g
Vitamina B_1	0,62 mg
Vitamina B_2	0,23 mg
Vitamina B_3	2,25 mg
Vitamina B_5	1,91 mg
Vitamina B_6	0,38 mg
Folato	625 mcg
Colina	97,9 mg
Cálcio	132 mg
Magnésio	189 mg
Potássio	1,246 mg
Fósforo	367 mg
Ferro	6,74 mg
Manganês	1,04 mg

Sopa de feijão-mungo

SERVE 6 (P) (F) (D) (M)

1¼ de xícara de feijão-mungo amarelo seco, deixado de molho por 3 horas e escorrido
4 xícaras de leite de coco, sem açúcar
½ colher de chá de sal
Sementes de gergelim, ligeiramente torradas, para decorar

Preparo

1 Coloque o feijão-mungo em uma panela e adicione água na quantidade suficiente para cobrir os feijões em até 1 cm e deixe levantar fervura. Diminua a chama e cozinhe por 20-25 minutos ou até secar, mexendo algumas vezes.

2 Transfira os feijões para uma peneira, apoiada sobre uma tigela. Pressione os feijões com o dorso de uma colher, até obter uma pasta lisa.

3 Ferva o leite de coco em uma panela média. Junte a pasta de mungo e o sal e bata até ficar com uma consistência macia. Cozinhe por 5 minutos ou até aquecer bem.

4 Transfira para pratos fundos ou tigelas individuais, salpique cada porção com as sementes de gergelim e sirva.

68 BROTO DE FEIJÃO

Um dos períodos mais ativos na vida de uma planta é a germinação. O consumo do broto de feijão traz benefícios para a saúde e o rejuvenescimento.

O broto é o precursor da planta inteira, por isso produz altos níveis de energia e envolve uma série de enzimas, substâncias que aceleram o crescimento e ajudam na desintoxicação, além de tornarem o broto de feijão fácil de digerir. A formação do broto estimula o açúcar que vai ser transformado em vitamina C. O processo de crescimento implica em associações de aminoácidos. A mistura de brotos proporciona o aumento de proteínas de boa qualidade. As proteínas constituem 54% de calorias encontradas no broto de feijão-soja e 43% das calorias encontradas no broto de feijão-mungo.

- A germinação deixa o feijão mais alcalino, o que aumenta a capacidade de desintoxicação.
- Alimentos ricos em fitoestrogênios, como o broto de feijão, ajudam a estabilizar os hormônios associados a energia, libido e fertilidade.
- O alto teor de folato estimula a renovação das células, mantendo a pele sedosa e as unhas fortes.

Dicas práticas:
É fácil fazer a germinação em casa. Use um vidro de boca larga e uma tela ou peneira fina para servir de tampa. Enxágue e escorra duas vezes ao dia. Antes de usar, enxágue com água filtrada. Se preferir comprar os brotos prontos para o uso, mantenha-os na geladeira e consuma-os em até dois dias. Aconselha-se consumir os brotos *in natura*, crus.

VOCÊ SABIA QUE...

O broto de feijão nada mais é que um feijão que passou por um processo de germinação? A maioria dos brotos encontrados no comércio é de feijão-mungo.

PRINCIPAIS NUTRIENTES ENCONTRADOS EM 1 XÍCARA DE BROTO DE FEIJÃO-MUNGO

Nutriente	Quantidade
Calorias	30
Gordura total	0,18 g
Proteína	3,04 g
Carboidrato	5,94 g
Fibra	1,8 g
Vitamina C	13,2 mg
Vitamina A	21 UI
Vitamina E	0,10 mg
Vitamina K	33 mcg
Vitamina B_3	0,75 mg
Vitamina B_5	0,38 mg
Folato	479 mcg
Potássio	149 mg

Salada de broto de feijão com gergelim

SERVE 4 (P) (F) (D)

2 colheres de sopa de óleo de gergelim torrado
1 pimentão vermelho grande, sem sementes e cortado em rodelas bem finas
3 dentes de alho grandes, bem picados
1 pedaço de 1,5 cm de gengibre, descascado e bem picado
2 minicebolas cortadas em rodelas finas
¾ de xícara de broto de feijão-mungo (moyashi)
1 colher de sopa de sementes de gergelim
1 punhado de folhas de manjericão fresco

Molho

1 colher de sopa de vinagre de vinho de arroz
2 colheres de chá de mel de boa qualidade
1 colher de sopa de molho de soja light
1 colher de chá de molho de pimenta vermelha (forte)

Preparo

1 Aqueça 1 colher de sopa de óleo de gergelim. Adicione o pimentão vermelho e deixe, em fogo médio, por 3-4 minutos.

2 Acrescente o alho, o gengibre e as minicebolas e refogue por 2 minutos. Retire do fogo e deixe esfriar.

3 Prepare o molho: misture o restante do óleo de gergelim com o vinagre, o mel, o molho de soja e o molho de pimenta. Coloque o broto de feijão em uma saladeira. Misture o pimentão refogado, o molho da salada e as sementes de gergelim. Acrescente as folhas de manjericão, picadas grosseiramente, antes de servir.

69 TOFU

Feito de soja, o tofu é bastante frequente na culinária da Ásia.

A proteína da soja é uma das poucas proteínas de origem vegetal considerada completa; contém todos os aminoácidos essenciais não produzidos pelo organismo e que devem ser obtidos por meio da alimentação, incluindo o triptofano, aminoácido necessário para o bom humor e o sono, fundamental também no combate ao efeitos causadores do envelhecimento provocados pelas tensões do dia a dia. Além disso, a soja é rica em saponinas e fibras, recomendadas em dietas para controle do colesterol. A lignina, encontrada nas proteínas da soja, ajudam a retardar o crescimento e a propagação das células causadoras do câncer de próstata; também contém fitoestrogênios, mais especificamente as isoflavonas genisteína e diadzeína, que ajudam a diminuir a incidência de câncer hormonal, como o de próstata e mama, e a retardar a osteoporose.

- Rico em cálcio, que mantém os ossos fortes e o coração saudável.
- Contém ferro e cobre, usados no transporte de oxigênio pelas células vermelhas do sangue e na renovação de células cansadas.
- O cobre é necessário para a produção de colágeno e elastina pela enzima lisil oxidase, assegurando vasos sanguíneos, ossos e articulações firmes e flexíveis.

Dicas práticas:
Existem 3 variedades de tofu: firme (pode ser cortado em fatias ou cubos), cremoso (consistência semelhante à do cream cheese) e silken (consistência semelhante à do iogurte). Pode parecer sem sabor, mas ele absorve facilmente os temperos. O silken é uma boa opção em vitaminas de frutas.

VOCÊ SABIA QUE...

O tofu foi fabricado pela primeira vez na China há 2000 anos? O primeiro registro escrito sobre ele está em um poema de Su Ping, datado de 1500 d.C., intitulado "Ode ao tofu".

PRINCIPAIS NUTRIENTES ENCONTRADOS EM 100 G DE TOFU

Nutriente	Quantidade
Calorias	76
Gordura total	4,78 g
Proteína	8,08 g
Carboidrato	1,88 g
Fibra	0,3 g
Vitamina B_3	0,2 mg
Cálcio	350 mcg
Cobre	0,19 mg
Ferro	5,36 mg
Manganês	0,61 mg
Selênio	8,9 mcg
Triptofano	0,13 g

Refogado de legumes com tofu

SERVE 2–3 (F) (M) (C) (A)

225 g de tofu firme, cortado em pedaços
1 colher de sopa de azeite de oliva ou óleo de amendoim
2 cebolinhas verdes, com a parte branca carnuda, picadas
1 dente de alho, bem picado
8 espigas de minimilho, cortadas ao meio
2 xícaras de ervilhas-tortas
115 g de cogumelos shitake, cortados em fatias finas
2 colheres de sopa de folhas de coentro fresco picadas

Marinada

2 colheres de sopa de molho de soja (escuro)
1 colher de sopa de vinho de arroz chinês
2 colheres de chá de mel de boa qualidade
½ colher de chá de tempero chinês pronto, com 5 especiarias (5 spice)
1 colher de pimenta vermelha, sem sementes e picada
2 cebolinhas verdes, com a aprte branca carnuda, picadas
1 colher de sopa de gengibre ralado

Preparo

1 Em uma tigela grande não metálica, misture todos os ingredientes da marinada. Junte os pedaços de tofu e mexa bem. Cubra com filme plástico e leve à geladeira para marinar por 2 horas, mexendo uma ou duas vezes.

2 Escorra o tofu e reserve a marinada. Aqueça o óleo ou o azeite em uma frigideira wok ou em uma frigideira grande. Adicione o tofu e refogue, em fogo médio, por 2-3 minutos ou até dourar. Retire com uma escumadeira e reserve. Adicione as cebolinhas e o alho e refogue por 2 minutos. Junte as espigas de minimilho e continue refogando por 1 minuto. Adicione as ervilhas e os cogumelos e refogue por mais 2 minutos.

3 Junte o tofu e a marinada e cozinhe em fogo baixo por 1-2 minutos ou até aquecer. Salpique o coentro fresco picado e sirva imediatamente.

70 MISSÔ

O missô é um dos alimentos mais tradicionais no Japão, onde é associado a saúde e vida longa.

Assim como o sauerkraut, o iogurte e o kefir, alimentos fermentados apreciados em muitas culturas, o missô está relacionado à saúde do sistema digestivo, pois alimenta a bactéria probiótica benéfica natural, fortalecendo a eliminação de toxinas e a absorção de nutrientes e, assim, ajudando a manter a aparência jovem e saudável. Além disso, alimentos fermentados agem no sistema imunológico, controlando reações que podem desencadear irritações e inflamações, como a alergia ao pólen e problemas de pele. O missô de soja é fonte importante de proteína de origem vegetal.

- Contém triptofano, necessário para a produção de serotonina, que estimula o bom humor e o sono reparador.
- O manganês produz a enzima antioxidante e desintoxcante dismutase superóxida, que retarda o envelhecimento.
- A vitamina K transporta o cálcio por todo o corpo para garantir a boa saúde dos ossos e coagulação sanguínea eficiente.
- Alimento rico em zinco, que fortalece a função imunológica e acelera a cicatrização, ajudando a manter a pele jovem e saudável.

Dicas práticas:
Apesar de salgado, o missô tem sabor agradável e um bom teor de minerais. É encontrado também em pó, porém a pasta é superior em qualidade e pode ser facilmente dissolvida em água fervente e usada no preparo de sopas. Acrescente missô para enriquecer um caldo de legumes com gengibre; para complementar, junte camarão, frango ou tofu.

VOCÊ SABIA QUE...

O missô é uma pasta feita de feijões de soja fermentados? Pode ser produzido também a partir de arroz, cevada e trigo, adicionando koji, agente desencadeador da fermentação.

PRINCIPAIS NUTRIENTES ENCONTRADOS EM 1 COLHER DE SOPA DE MISSÔ

Nutriente	Quantidade
Calorias	34
Gordura total	1,03 g
Proteína	2,01 g
Carboidrato	4,55 g
Fibra	0,93 g
Vitamina B_1	0,02 mg
Vitamina B_2	0,04 mg
Vitamina B_3	0,16 mg
Vitamina B_5	0,06 mg
Vitamina B_6	0,03 mg
Vitamina B_{12}	0,43 mcg
Vitamina K	8,53 mcg
Ferro	0,43 mg
Selênio	1,2 mcg
Zinco	0,44 mg
Manganês	0,3 mg

Sopa missô

SERVE 4 (P) (F) (D) (M) (A)

4 xícaras de água
2 colheres de chá de dashi (em grânulos, instantâneo)
175 g de tofu, cortado em cubos
4 cogumelos shitake, cortados em fatias finas
4 colheres de sopa de missô em pasta
2 cebolinhas verdes picadas

Preparo

1 Dissolva o dashi em água fervente. Adicione o tofu e os cogumelos, diminua a chama e cozinhe em fogo brando por 3 minutos.
2 Acrescente o missô e cozinhe em fogo brando, sem parar de mexer, até dissolver.
3 Adicione as cebolinhas e sirva imediatamente. Se esperar um pouco, o missô endurece; caso isso aconteça, antes de servir, mexa bem para dissolvê-lo novamente.

5

ERVAS E ESPECIARIAS

Ervas e especiarias encontradas na natureza formam a base de muitos medicamentos tradicionais, que apenas recentemente passaram a ser encarados como poderosos aliados na luta contra o envelhecimento. Manter um estoque de temperos à base de ervas e especiarias na cozinha e experimentá-los em receitas e pratos variados são maneiras de acrescentar sabor aos alimentos sem depender do sal e do açúcar.

(P) Pele, cabelo e unhas

(F) Força e mobilidade

(D) Saúde digestiva e desintoxicação

(M) Saúde mental

(C) Saúde do coração

(A) Antioxidante facilitador da imunidade

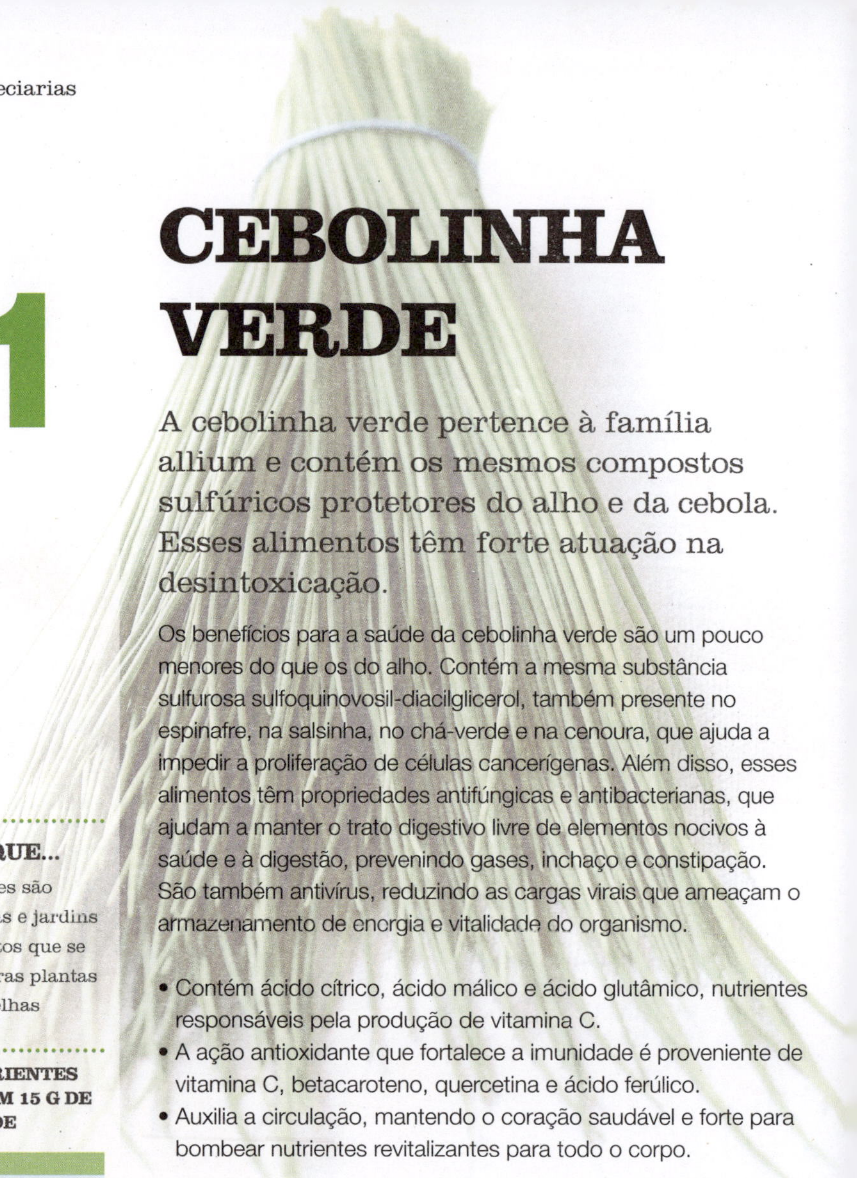

71 CEBOLINHA VERDE

A cebolinha verde pertence à família allium e contém os mesmos compostos sulfúricos protetores do alho e da cebola. Esses alimentos têm forte atuação na desintoxicação.

Os benefícios para a saúde da cebolinha verde são um pouco menores do que os do alho. Contém a mesma substância sulfurosa sulfoquinovosil-diacilglicerol, também presente no espinafre, na salsinha, no chá-verde e na cenoura, que ajuda a impedir a proliferação de células cancerígenas. Além disso, esses alimentos têm propriedades antifúngicas e antibacterianas, que ajudam a manter o trato digestivo livre de elementos nocivos à saúde e à digestão, prevenindo gases, inchaço e constipação. São também antivírus, reduzindo as cargas virais que ameaçam o armazenamento de energia e vitalidade do organismo.

- Contém ácido cítrico, ácido málico e ácido glutâmico, nutrientes responsáveis pela produção de vitamina C.
- A ação antioxidante que fortalece a imunidade é proveniente de vitamina C, betacaroteno, quercetina e ácido ferúlico.
- Auxilia a circulação, mantendo o coração saudável e forte para bombear nutrientes revitalizantes para todo o corpo.

Dicas práticas:
A cebolinha é de fácil cultivo. Pode ser plantada em vasos, deixados na janela da cozinha. Use-as com peixes, batatas e em sopas. Por seu sabor suave, é mais versátil do que o alho, que tem sabor mais acentuado. Combina bem com queijos cremosos e salmão ou arenque defumado ou em conserva.

VOCÊ SABIA QUE...

As cebolinhas verdes são plantadas em hortas e jardins para espantar insetos que se alimentam das outras plantas e para atrair as abelhas polinizadoras?

PRINCIPAIS NUTRIENTES ENCONTRADOS EM 15 G DE CEBOLINHA VERDE

Nutriente	Quantidade
Calorias	30
Gordura total	0,73 g
Proteína	3,27 g
Carboidrato	4,35 g
Fibra	2,5 g
Vitamina C	58,1 mg
Vitamina A	4,353 UI
Vitamina K	212,7 mcg
Betacaroteno	2,612 mcg
Luteína/zeaxantina	323 mcg

Saladinha de ervas e especiarias

RENDE CERCA DE 1½ XÍCARA

1 pedaço de pepino de 7,5 cm
2 colheres de chá de sal
6 cebolinhas verdes, com a parte branca carnuda, bem picadas
2 talos de salsão, picados
1 pimentão verde, sem a casca e sem sementes, picado
⅔ de xícara de coalhada fresca ou iogurte natural
1 colher de sopa de manjerona fresca picada
1 colher de sopa de salsinha fresca picada
1 colher de sopa de cebolinha verde picada

(D)(C)(A)

Preparo

1 Descasque o pepino com um descascador de legumes e corte-o em quatro no sentido do comprimento. Retire as sementes com uma colher. Pique o miolo, coloque os pedacinhos em uma peneira não metálica e tempere com sal. Deixe escorrer por 15-20 minutos, enxágue e seque bem. Transfira para uma tigela pequena.

2 Adicione as cebolas, o salsão, o pimentão e mexa. Acrescente o iogurte e, depois de misturar bem, adicione todas as ervas. Transfira para uma saladeira ou travessa. Cubra e deixe descansar em local fresco (não leve à geladeira) por 30 minutos antes de servir.

72 CHÁ-VERDE

Os chineses e japoneses conhecem os atributos do chá-verde há muito tempo e o consideram muito importante para a manutenção saudável do coração, da energia e da pele.

As folhas de chá da *Camellia sinensis* são ricas em catequina, que tem propriedades naturais antioxidantes, antibacterianas e antivirais que protegem do câncer, ajudam a baixar o colesterol e a controlar coágulos sanguíneos. Um desses compostos, epigalocatequina galato (EGCG), penetra nas células e protege o DNA pelo qual o organismo replica as células e combate o envelhecimento. EGCG também previne a formação de células cancerígenas e ajuda a reduzir a gravidade dos sintomas de alergia ao bloquear as reações do organismo.

- O chá-verde pode contribuir para a perda de peso, ajudando a queimar gordura e a controlar os níveis de insulina e açúcar no sangue.
- Contém quercetina, um bioflavonoide (substância química vegetal) que reduz inflamações e ajuda a controlar alergias provocadas por alimentos.
- Contém catequina, que estimula a desintoxicação do fígado e, portanto, ajuda a remover as toxinas responsáveis pelo envelhecimento e mantém a pele brilhante e saudável.

Dicas práticas:
Substituir o chá-preto ou o café pelo chá-verde proporciona os mesmos efeitos estimulantes, porém com menor ingestão de cafeína. As variedades de chá-verde apresentam propriedades e sabores diferentes.

VOCÊ SABIA QUE...

As folhas do chá-verde são as folhas secas da planta chá? Para o chá-preto, as folhas passam por um processo de fermentação que aumenta o teor de cafeína: cerca de 50 mg por xícara, enquanto 1 xícara de chá-verde contém apenas cerca de 5 mg.

PRINCIPAIS NUTRIENTES ENCONTRADOS EM 1 XÍCARA DE CHÁ-VERDE

Calorias	Cerca de 2*
Gordura total	0 g
Proteína	0 g
Carboidrato	Desprezível
Fibra	0 g
Catequina	3,75 g

* Pode variar bastante de acordo com os tipos e o tempo de infusão.

Vitamina de chá-verde com nêsperas

SERVE 2 (P)(D)(C)(A)

1 saquinho de chá-verde
1¼ de xícara de água fervente
1 colher de chá de mel de boa qualidade, ou a gosto (opcional)
2 nêsperas maduras, cortadas ao meio e sem caroço

Preparo

1 Coloque o saquinho de chá na água fervente em um bule ou jarra. Deixe em infusão por 7 minutos. Retire e descarte o saquinho. Deixe esfriar um pouco e leve à geladeira até esfriar completamente.
2 Coloque o chá pronto em um processador ou liquidificador. Adicione o mel e as nêsperas e bata até ficar homogêneo.
3 Sirva em seguida.

73 CAMOMILA

O chá de camomila é conhecido como calmante. Além disso, é bom digestivo e fortalece a imunidade.

O chá de camomila aumenta o teor de glicina, substância usada na fabricação de neurotransmissores que estimulam o sono (substâncias químicas cerebrais). Ao acalmar o sistema nervoso, a glicina alivia os espasmos musculares e as dores de cabeça. A camomila aumenta o teor de ácido hipúrico, também encontrado em cramberries (oxicoco) e blueberries, combatendo infecções e resfriados. A ingestão regular do chá de camomila ajuda a controlar distúrbios digestivos, como cólicas estomacais, síndrome do intestino irritável (SII) e constipação (tem suave ação laxativa).

- Contém quercetina e apigenina, flavonoides antioxidantes benéficos para o coração e a pele.
- Saquinhos de chá de camomila usados podem ser colocados sobre os olhos para reduzir olheiras e inchaços das pálpebras.
- Tem propriedades anti-inflamatórias e redutoras de colesterol, prevenindo de doenças associadas à idade avançada.

Dicas práticas:
O chá de camomila, ou manzanilha, é obtido por meio da infusão das flores e folhas da camomila alemã (*Matricaria recutita*) em água fervente por 10-15 minutos. Pode ser comprado em saquinhos, mas o chá feito com a camomila fresca traz mais benefícios para a saúde, além de ter um sabor mais forte. Experimente adoçar com mel. Tome à noite, pois atua como leve sedativo. A camomila é da mesma família da erva-de-santiago e deve ser evitada por quem tem alergia a essa erva.

VOCÊ SABIA QUE...

Os antigos egípcios usavam camomila para aliviar os sintomas da tensão pré--menstrual, dor de cabeça e cólicas?

PRINCIPAIS NUTRIENTES ENCONTRADOS EM 1 XÍCARA DE CHÁ DE CAMOMILA

Nutriente	Quantidade
Calorias	2
Gordura total	0 g
Proteína	0 g
Carboidrato	0,47 g
Fibra	0 g

Chá de camomila com casca de laranja

SERVE 1 (P) (D) (M) (C) (A)

1 colher de chá de flores de camomila secas ou 2 colheres de chá de flores frescas
1 tira de casca de laranja (sem a parte branca)
1 colher de chá de mel de boa qualidade

Preparo

1 Coloque as flores de camomila e a casca de laranja em um bule de chá. Despeje a água fervente e mexa. Deixe em infusão por 5 minutos.

2 Peneire em uma caneca e misture o mel. Beba quente ou leve à geladeira e beba frio com gelo.

74 COENTRO

O coentro pode ajudar o organismo a eliminar metais tóxicos – como o chumbo, o mercúrio e o alumínio –, responsáveis pelo envelhecimento.

Na sociedade industrializada, a exposição a metais tóxicos é constante. O organismo precisa de ajuda para eliminá-los, pois podem causar insônia, ansiedade, depressão, memória fraca e problemas de pele. Pesquisas realizadas demonstraram que a excreção de mercúrio e alumínio pela urina aumenta depois da ingestão de coentro. Além disso, o coentro retarda o crescimento de toxinas nos ossos (toxinas podem deslocar o cálcio essencial e envelhecer a massa óssea) e no sangue (toxinas podem deslocar ferro).

- Contém carotenoides, que acentuam o poder de desintoxicação do coentro, protegendo o fígado contra as toxinas nocivas que precisa processar.
- Seus óleos voláteis de odor agradável são antimicrobiais, ajudando a destruir invasores que afetam o sistema imunológico.
- Contém vitaminas A e C, que combinadas ao teor elevado de substâncias químicas vegetais ajudam a renovar a pele, o cérebro e os ossos.

Dicas práticas:
Coentro seco ou congelado perde o aroma rapidamente. Por isso, acrescente-o no final do cozimento ou para decorar, pois fica mais saboroso quando consumido cru. Pode ser usado como salada ou em molhos pesto.

VOCÊ SABIA QUE...

Em algumas regiões da Europa, o coentro é conhecido como a "planta antidiabótica"? Estudos mostram que ele aumenta os níveis de insulina e reduz os níveis de açúcar no sangue.

PRINCIPAIS NUTRIENTES ENCONTRADOS EM ⅓ DE XÍCARA DE COENTRO PICADO

Nutriente	Quantidade
Calorias	3,5
Gordura total	0,08 g
Proteína	0,32 g
Carboidrato	0,55 g
Fibra	0,42 g
Vitamina C	4,05 mg
Vitamina A	1,023 UI
Vitamina K	46,5 mcg
Betacaroteno	589,5 mcg
Luteína/zeaxantina	130 mcg

Salada de coentro com cenoura e laranja

SERVE 4 (P) (F) (D) (M) (A)

500 g de cenouras, raladas no lado grosso do ralador
4 cebolinhas verdes, com a parte branca bem carnuda, picadas
2 laranjas
⅓ de xícara de uva-passa
3 colheres de sopa de coentro fresco picado

Molho

3 colheres de sopa de azeite de oliva extravirgem
3 colheres de sopa de suco de laranja
2 colheres de sopa de suco de limão
½ colher de chá de cominho em pó
½ colher de chá de coentro em pó
Sal e pimenta

Preparo

1 Coloque as cenouras e as cebolinhas em uma tigela e misture bem. Com uma faca serrilhada, descasque as laranjas, retirando a parte branca. Corte entre as películas, para obter gomos sem pele. Misture os gomos de laranja, as passas e o coentro.
2 Prepare o molho: coloque todos os ingredientes em um vidro com tampa de rosca e agite até ficar homogêneo.
3 Tempere a salada com o molho e mexa tudo muito bem. Cubra com filme plástico e leve à geladeira por 30 minutos. Tempere com sal e pimenta a gosto e sirva.

75 RAIZ DE ALCAÇUZ

O alcaçuz é usado como estimulante das glândulas suprarrenais, combatendo a fadiga e os efeitos do envelhecimento causados por estresse.

A erva alcaçuz é adaptogênica, termo moderno para "tônico". Sua ação é comparada à do hormônio cortisol: mantém a energia, o metabolismo e respostas imunológicas adequadas. É amplamente utilizada no tratamento de distúrbios digestivos, pois protege a membrana mucosa que cobre a parede do trato digestivo, favorecendo o bom funcionamento do sistema digestivo e agindo como leve laxante. Inibe a bactéria *Helicobacter pylori*, responsável por úlceras estomacais.

- Contém isoflavonas, que regulam os hormônios sexuais, estimulando o vigor e a vitalidade e ajudando a prevenir o câncer.
- Protege o fígado de toxinas e reduz os danos causados pelo colesterol, ações importantes para a manutenção da juventude e do bem-estar.
- Antivírus poderoso, contém 10 compostos antioxidantes e 25 antifúngicos, que atuam na manutenção da saúde e do bem-estar.

Dicas práticas:
Use a raiz fresca ou saquinhos com a erva seca para preparar um chá energizante. Caso tenha insônia, não tome o chá de alcaçuz depois das 2 horas da tarde. Doce ou barrinhas de alcaçuz podem substituir o chocolate; porém, contêm bastante açúcar e, às vezes, trigo. Só utilize cápsulas de alcaçuz sob supervisão médica. Evite o consumo de alcaçuz caso tenha pressão alta.

VOCÊ SABIA QUE...

O alcaçuz é um dos mais antigos e mais frequentes fitoterápicos da medicina chinesa? Acredita-se que ele aumenta a energia.

PRINCIPAIS NUTRIENTES ENCONTRADOS EM 1 XÍCARA DE CHÁ DE ALCAÇUZ

Até a data de publicação deste livro, não há registro dos nutrientes usados como padrão de referência pela USDA.

Chá de gengibre e raiz de alcaçuz

SERVE 1 (F) (D) (M) (C) (A)

1 colher de chá de lascas de raiz de alcaçuz
1 colher de chá de gengibre fresco picado
Água

Preparo

1 Coloque as lascas de alcaçuz e o gengibre picado em uma jarra ou bule individual, cubra com água fervente (na quantidade para uma xícara de chá) e mexa. Deixe em infusão por 5 minutos.

2 Peneire o chá em uma caneca ou xícara apropriada. Beba quente ou gelado (leve à geladeira e sirva com gelo).

76 CANELA

A canela contém uma substância química semelhante à insulina, auxiliando no uso adequado de açúcar e prevenindo inflamações e ganhos de peso associados à idade avançada.

Essa substância química (polímero metilhidroxicalcona ou MHCP) também estimula a produção de glicogênio, um açúcar armazenado nos músculos e fígado como reserva de energia. A presença de glicogênio diminui a compulsão por açúcar refinado (que engorda e acelera o envelhecimento) e controla o gasto de energia. Além disso, a canela evita que o açúcar na corrente sanguínea danifique os tecidos e o DNA, o que pode desencadear inflamações e envelhecimento rápido. A canela é excelente como adoçante, além de enriquecer o sabor de doces e sobremesas.

- O perfume de canela atua sobre as reações cerebrais e a memória.
- Uma colher de chá de canela tem o mesmo poder antioxidante de ½ xícara de blueberries ou de 1 xícara de suco de romã.
- Mata micróbios e leveduras que prejudicam a digestão e a imunidade.

Dicas práticas:
Temperar alimentos com canela ajuda a reduzir os efeitos nocivos desses alimentos. Tanto a canela em pau como a em pó devem exalar aroma doce quando frescos. A canela em pau dura mais, porém a canela em pó é mais forte. Ajuda a aliviar sintomas de gripes e resfriados quando adicionada a chá de limão e mel.

VOCÊ SABIA QUE...

Na Antiguidade, a canela era considerada presente digno de reis? O óleo de canela é citado várias vezes no Antigo Testamento como óleo utilizado em cerimônias religiosas; Moisés foi um dos primeiros a usá-lo.

PRINCIPAIS NUTRIENTES ENCONTRADOS EM 2 COLHERES DE SOPA DE CANELA EM PÓ

Nutriente	Quantidade
Calorias	37
Gordura total	0,19 g
Proteína	0,60 g
Carboidrato	12,08 g
Fibra	7,96 g
Vitamina C	0,57 g
Vitamina A	44 UI
Cálcio	150 mg
Manganês	2,62 mg

Tempero de canela com anis-estrelado

RENDE ¼ DE XÍCARA (D) (M) (A)

2 colheres de sopa de anis-estrelado inteiro
1 colher de sopa de pimenta-do-reino em grãos
1 colher de chá de açúcar mascavo
2 colheres de chá de sal
1 colher de chá de canela em pó

Preparo

1 Coloque o anis-estrelado e os grãos de pimenta em um moedor elétrico e moa rapidamente até obter um pó grosso. Esse processo deve ser rápido para evitar que as especiarias fiquem oleosas. Misture o açúcar mascavo, o sal e a canela.
2 Use a mistura para temperar carnes, aves, peixes e frutos do mar algumas horas antes do preparo.
3 Guarde em um recipiente raso, bem fechado, na geladeira, até o momento de usar.

77 GENGIBRE

O gengibre melhora a circulação, afina o sangue e atua como anti-inflamatório. É benéfico para a saúde e juventude do coração, articulações e cérebro.

Segundo vários estudos, o gengibre reduz os níveis de colesterol. Assim como o alho, afina o sangue, diminuindo a espessura das plaquetas sanguíneas. Dessa maneira, reduz o risco de arteriosclerose – formação de placas nas artérias – e ajuda a prevenir doenças cardíacas. O gengibre ajuda a levar o colesterol "ruim" LDL para o fígado, onde é decomposto e eliminado. Poderoso antioxidante, o gengibre contém mais de 12 substâncias com potencial antioxidante mais elevado do que o da vitamina C.

- Amplamente utilizado no tratamento de problemas digestivos, o gengibre mata as bactérias nocivas e mantém o organismo saudável e jovem.
- Ajuda a combater doenças associadas ao envelhecimento e ao estresse, como câncer, diabetes, úlcera, derrame e artrite.
- Aumenta o consumo de serotonina pelo organismo, neurotransmissor responsável pelo bom humor e socialização.
- Estimula a circulação, ajudando a manter a pele jovem e saudável.

Dicas práticas:
Pode ser encontrado em pó, porém o gengibre fresco é o mais indicado. Pode ser refrigerado e congelado. Use algumas fatias de gengibre com água quente e limão para fazer um chá depurativo, para ser tomado em jejum, logo pela manhã; ou faça um chá com canela. Picado, pode ser adicionado a refogados de legumes e carnes.

VOCÊ SABIA QUE...

Da mesma família da cúrcuma e do cardamomo, o gengibre é usado na medicina tradicional chinesa há 2500 anos? É um medicamento que estimula a produção de saliva, facilitando a deglutição.

PRINCIPAIS NUTRIENTES ENCONTRADOS EM 8MM DE GENGIBRE FRESCO

Nutriente	Quantidade
Calorias	12
Gordura total	0,11 g
Proteína	0,27 g
Carboidrato	2,66 g
Fibra	0,3 g
Vitamina C	2,4 mg
Potássio	62 mg

Refogado de caranguejo com gengibre

SERVE 4 (F) (D) (M) (C) (A)

3 colheres de sopa de óleo de amendoim
2 caranguejos grandes frescos, limpos e em pedaços, com as pernas quebradas com um cutelo
1 pedaço de 4 cm de gengibre fresco, cortado em tiras finas
100 g de cebolinhas verdes, com a parte branca carnuda, cortadas em pedaços de 5 cm
2 colheres de sopa de molho de soja light
1 pitada de pimenta branca em pó

Preparo

1 Aqueça 2 colheres de sopa do óleo em uma frigideira wok ou funda. Adicione o caranguejo e refogue em fogo alto por 3-4 minutos. Retire da frigideira e reserve.

2 Aqueça o restante do óleo na frigideira lavada, junte o gengibre e mexa até liberar o aroma. Junte as cebolinhas e os pedaços de caranguejo. Acrescente o molho de soja e a pimenta. Tampe e cozinhe por 1 minuto. Sirva em seguida.

78 CÚRCUMA

A cúrcuma é tão importante quanto o gengibre na manutenção da saúde, apresentando propriedades preventiva e de antienvelhecimento semelhantes.

A cúrcuma é utilizada há muito tempo na medicina tradicional chinesa e na medicina ayurvédica indiana no tratamento de problemas articulatórios e distúrbios digestivos, menstruais e hepáticos. Segundo estatísticas, doenças cardíacas e inflamatórias, são menos frequentes na Índia do que no ocidente; acredita-se que isso se deva às grandes quantidades de cúrcuma presentes na culinária indiana. Estudos indicam que a curcumina, composto ativo da cúrcuma, ajuda a prevenir esclerose múltipla, doença de Alzheimer, úlceras, irritações de pele, síndrome do túnel carpal e a maioria dos distúrbios digestivos. Isso se deve graças à habilidade da curcumina em eliminar toxinas nocivas responsáveis pelo envelhecimento.

- Usada como ingrediente de cremes anti-inflamatórios para a pele e como protetor solar natural, prevenindo a pele do envelhecimento.
- Tem propriedades antissépticas e antibacterianas que ajudam a cicatrização e asseguram a juventude do sistema imunológico.
- Tem ação específica na redução do colesterol, estimulando o bom funcionamento do coração e da função cerebral.

Dicas práticas:
Siga o exemplo vindo da Índia e use temperos à base de cúrcuma para tirar proveito de suas propriedades. Pode ser encontrada em cápsulas, combinada à bromelaina do abacaxi e à piperina da pimenta-do-reino, para facilitar a absorção e digestão.

VOCÊ SABIA QUE...

A ação anti-inflamatória da cúrcuma é comparada à de medicamentos alopatas, como a hidrocortisona e a fenilbutazona?

PRINCIPAIS NUTRIENTES ENCONTRADOS EM 2 COLHERES DE SOPA DE CÚRCUMA EM PÓ

Calorias	53
Gordura total	1,48 g
Proteína	1,12 g
Carboidrato	9,73 g
Fibra	3,16 g
Vitamina C	3,88 mg
Potássio	378 mg

Arroz com cúrcuma

SERVE 4 (P) (F) (D) (M) (C) (A)

2 colheres de sopa de azeite de oliva
1 minicebola, bem picada
1 pimentão amarelo ou laranja, sem sementes e picado
1 dente de alho, bem picado
1 xícara de arroz basmati integral
1 colher de sopa de cúrcuma
3 xícaras de caldo de legumes com pouco sal
400 g de grão-de-bico cozido ou em lata, sem o caldo
¾ de xícara de amêndoas em lascas
1 xícara de ervilhas cozidas ou em lata, escorridas

Preparo

1 Aqueça o azeite em uma panela grande. Refogue a minicebola e o pimentão, em fogo médio, até ficarem macios e ligeiramente dourados. Junte o alho e refogue, sem parar de mexer, por 1 minuto.

2 Acrescente o arroz e mexa por 1 minuto. Adicione a cúrcuma. Misture o caldo. Deixe levantar fervura, diminua a chama e cozinhe em fogo brando por 20 minutos, com a panela tampada.

3 Junte o grão-de-bico, as amêndoas e as ervilhas e cozinhe por mais 5 minutos ou até que o arroz esteja macio e todo o caldo tenha secado. Transfira para uma travessa aquecida e sirva.

79 CRAVO-DA-ÍNDIA

O cravo-da-índia é associado a bebidas quentes. A sensação de aquecimento é o que traz alívio a dores musculares e de articulação.

O cravo contém eugenol, substância química que exerce ação positiva na desintoxicação. O eugenol é usado em antissépticos bucais, sprays para garganta e cremes dentais, reduzindo as bactérias da boca e exercendo suave efeito anestésico em irritações. Isso deve ser levado em conta no combate ao envelhecimento, pois as infecções bucais estão associadas a doenças cardíacas. Além disso, alguns estudos monstraram que o eugenol reduz inflamações; a inclusão de cravo-da-índia em uma dieta saudável ajuda não só a combater inflamações e dores nas articulações, erupções cutâneas e dores de cabeça, como também a reduzir o nível de colesterol "ruim" LDL no sangue.

- Contém kaempferol e ramnetina, flavonoides com propriedades antioxidantes.
- O óleo de cravo é usado no tratamento de acne e irritações cutâneas e na cicatrização de queimaduras e machucados.

Dicas práticas:
O cravo-da-índia é um dos ingredientes do tempero pronto indiano garam masala e do chá chai. Misturado a cominho e canela, transmite a sensação de calor e conforto em dias de inverno. O chá de cravo com mel e limão é uma bebida deliciosa que ajuda no tratamento de gripes e resfriados; para um chá de sabor mais acentuado e picante, adicione gengibre e canela.

VOCÊ SABIA QUE...

Usa-se cravos-da-índia espetados em laranjas para fazer enfeites de Natal aromáticos? Eles também são usados em incensos.

PRINCIPAIS NUTRIENTES ENCONTRADOS EM 2½ COLHERES DE CRAVO-DA-ÍNDIA

Nutriente	Quantidade
Calorias	48,5
Gordura total	3,04 g
Proteína	0,89 g
Carboidrato	9,18 g
Fibra	5,13 g
Vitamina C	12,12 mg
Vitamina K	22,27 mcg
Cálcio	96,9 mg
Potássio	165 mg
Ferro	13 mg
Manganês	4,5 mg

Sopa de frango com cravo e anis-estrelado

SERVE 4–6 (P) (F) (D) (C) (A)

2 peitos de frango caipira, sem a pele
8 xícaras de água
1 cebola, com a casca, cortada ao meio
1 dente de alho grande, cortado ao meio
1 pedaço de 1 cm de gengibre fresco, sem a casca e cortado em fatias
4 grãos de pimenta-do-reino, ligeiramente amassados
4 cravos-da-índia
2 anises-estrelados
1 cenoura, sem a casca
1 talo de salsão picado
6-9 espigas de minimilho cortadas ao meio no sentido do comprimento e picadas
2 cebolinhas verdes, picadas
115 g de macarrão de arroz ou de macarrão japonês Udon
Sal e pimenta

Preparo

1 Ferva os peitos de frango na água em uma panela grande. Diminua o fogo e cozinhe lentamente, retirando a espuma que se forma na superfície com uma escumadeira. Continue cozinhando até que não forme mais espuma. Junte a cebola, o alho, o gengibre, os grãos de pimenta, os cravos, os anises-estrelas e uma pitada de sal. Mantenha em fogo brando por 20 minutos ou até que o frango esteja bem cozido. Enquanto espera, rale a cenoura no sentido do comprimento, para obter tirinhas longas e finas

2 Escorra o frango e reserve 5 xícaras de caldo. Descarte os outros legumes e temperos. (você pode optar por guardar o caldo na geladeira por 24 horas e retirar a camada de gordura que se forma na superfície). Aqueça o caldo novamente e junte a cenoura, o salsão, o minimilho e as cebolinhas. Deixe ferver até cozinhar o milho, acrescente o macarrão e ferva por mais 2 minutos.

3 Pique o frango, junte-o à sopa e continue cozinhando até aquecer o frango e cozinhar o macarrão. Tempere com sal e pimenta a gosto e sirva.

80 PÁPRICA

Páprica é pimentão seco em pó. Assim como a pimenta vermelha, também melhora a circulação, ajudando a pele a manter uma aparência jovem e saudável.

Tradicionalmente usada para fortalecer a saúde do coração, a páprica reduz o colesterol "ruim" LDL. Gera calor ao corpo, sem queimar ou irritar, o que aumenta a circulação e assegura a distribuição de oxigênio e nutrientes revigorantes para todo o organismo, inclusive o coração. Assim como a cúrcuma e o cominho, a páprica é rica em ácido salicílico, a base da aspirina. Uma pitada generosa de páprica pode prover mais ácido salicílico do que uma pílula de aspirina; isso explica as propriedades anti-inflamatórias detectadas nesses temperos – ajudam a manter a agilidade das articulações e a pele sem manchas.

- Proporcionalmente, contém mais vitamina C – conservada durante a secagem e cozimento – que o suco de limão.
- Aumenta a produção de saliva, facilitando a digestão e a absorção de nutrientes que combatem o envelhecimento.
- Ajuda a reduzir as infecções bacterianas, responsáveis pelo estresse e pelo envelhecimento prematuro do organismo.

Dicas práticas:
Guarde a páprica em lugar protegido, pois ela perde o sabor e a cor quando exposta à luz. Adicione-a no final do cozimento para não perder a cor (exceto para receitas de goulash). Quando aquecida, seu sabor fica mais acentuado e picante.

VOCÊ SABIA QUE...

Há séculos a páprica é usada como corante em cosméticos e alguns zoológicos a adicionam à alimentação dos flamingos para realçar a coloração rosa das penas?

PRINCIPAIS NUTRIENTES ENCONTRADOS EM 2 COLHERES DE SOPA DE PÁPRICA EM PÓ

Nutriente	Quantidade
Calorias	43
Gordura total	1,94 g
Proteína	2,21 g
Carboidrato	8,36 g
Fibra	5,61 g
Vitamina C	10,66 mg
Vitamina B_3	2,29 mg
Vitamina B_6	0,60 mg
Vitamina A	396 UI
Vitamina E	4,47 mg
Potássio	351 mg
Ferro	3,53 mg
Zinco	0,60 mg
Betacaroteno	4,156 mcg
Luteína/zeaxantina	1,973 mcg

Goulash

SERVE 4 (P) (F) (D) (C)

4 colheres de sopa de azeite de oliva
650 g de carne bovina de sua preferência cortada em cubos
2 colheres de chá de farinha de trigo integral
2 colheres de chá de páprica
1¼ de xícara de caldo de carne pronto com pouco sal
3 cebolas picadas
4 cenouras, cortadas em cubinhos
1 batata grande ou 2 médias, cortadas em cubinhos
1 folha de louro
½ a 1 colher de chá de sementes de alcaravia
400 g de tomates pelados em lata picados
2 colheres de sopa de creme azedo (sour cream) ou iogurte natural de consistência firme (coalhada fresca)
Sal e pimenta

Preparo

1 Preaqueça o forno a 170ºC. Aqueça metade do azeite em uma panela que possa ir ao forno. Junte a carne e frite em fogo médio até dourar por inteiro, sem parar de mexer. Diminua o fogo e acrescente a farinha e a páprica. Frite por mais 2 minutos, sempre mexendo. Misture o caldo lentamente e deixe aquecer.

2 Aqueça o restante do azeite em uma frigideira de fundo grosso. Adicione as cebolas e refogue em fogo baixo por 5 minutos, até ficar transparente. Junte a folha de louro, as sementes de alcaravia e os tomates. Tempere com sal e pimenta.

3 Transfira os legumes para a panela da carne, misture bem e tampe com papel-alumínio ou com a tampa da panela. Asse por 2 ½ horas ou até a carne ficar macia.

4 Retire do forno e descarte a folha de louro. Divida em tigelas, colocando uma colherada de creme azedo em cada porção. Sirva.

81 RAIZ-FORTE

A planta da raiz-forte pertence à mesma família e apresenta as mesmas propriedades desintoxicantes do brócolis e do repolho. É considerada afrodisíaca, estimulante e revitalizante.

A raiz-forte contém glucosinolatos, que previnem o crescimento de tumores. Essas substâncias também auxiliam no processo de desintoxicação do fígado, que regula o estrogênio e a progesterona, ajudando as mulheres em todas as fases da vida e a saúde da próstata. A raiz-forte contém 2 tipos de glucosinolatos, sinigrina e gluconasturtina, responsáveis pelo sabor forte e picante e por estimular as células imunológicas e o metabolismo, matando as bactérias nocivas e fortalecendo o coração.

- A raiz-forte fresca é rica em vitamina C, que melhora a circulação.
- Tem propriedades antibacterianas e antiparasitárias naturais, ajudando a proteger o organismo.
- Melhora a respiração, eliminando o muco e limpando as vias respiratórias.

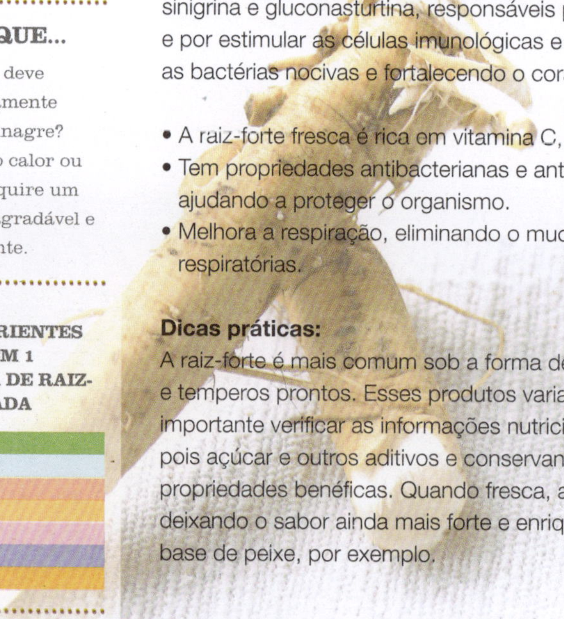

Dicas práticas:
A raiz-forte é mais comum sob a forma de pasta, em conservas e temperos prontos. Esses produtos variam em qualidade; é importante verificar as informações nutricionais na embalagem, pois açúcar e outros aditivos e conservantes podem anular as propriedades benéficas. Quando fresca, a raiz pode ser ralada, deixando o sabor ainda mais forte e enriquecendo patês caseiros à base de peixe, por exemplo.

VOCÊ SABIA QUE...

A raiz-forte ralada deve ser usada imediatamente ou misturada ao vinagre? Quando exposta ao calor ou à luz, escurece, adquire um sabor amargo desagradável e perde o gosto picante.

PRINCIPAIS NUTRIENTES ENCONTRADOS EM 1 COLHER DE SOPA DE RAIZ-FORTE PREPARADA

Nutriente	Quantidade
Calorias	7,2
Gordura total	Traços
Proteína	0,17 g
Carboidrato	1,69 g
Fibra	0,49 g
Vitamina C	3,73 mg
Potássio	36,9 mg

Patê de raiz-forte

SERVE 6–8 (D) (C) (A)

6 colheres de sopa de raiz-forte em pasta
6 colheres de sopa de creme azedo ou iogurte natural de consistência firme (coalhada fresca)

Preparo

1 Em uma tigela pequena, misture a raiz-forte e o iogurte até ficar homogêneo. Sirva como acompanhamento para rosbifes e peixes defumados, como truta e cavala.

82 WASABI

Wasabi é um antiparasitário forte e natural, possibilitando a ingestão de peixes oleosos ricos em ômega-3, pois diminui o risco de infecções parasitológicas.

Wasabi é a versão oriental mais picante da raiz-forte. O sabor acentuado é resultante do teor de isotiocianatos, arma secreta que liquida os micróbios ingeridos naturalmente na alimentação diária. Estes micro-organismos podem comprometer a digestão, o sistema imunológico e o sistema nervoso e, consequentemente, afetar todos os sistemas do organismo. Para manter o vigor e a juventude, precisamos tirar o máximo de proveito das defesas naturais, como o wasabi.

- Semelhante ao brócolis, ao repolho e à raiz-forte, o wasabi apresenta o mesmo potencial para ajudar o fígado a eliminar as toxinas responsáveis pelo envelhecimento.
- Contém isotiocianatos, que mantêm o coração jovem e saudável, ajudando a reduzir o risco de derrames e ataques cardíacos.
- Tem ação anti-inflamatória, que mantém o bom funcionamento das articulações e pulmões.

Dicas práticas:
Alguns restaurantes japoneses substituem o wasabi por raiz-forte com corante, que apesar de trazer suas propriedades benéficas, traz também os aditivos prejudiciais à saúde presentes no corante verde. Ao comprar wasabi, escolha os de boa procedência. Guarde em local apropriado, pois perde a cor e o sabor quando exposto à luz e ao ar.

VOCÊ SABIA QUE...

Existe um projeto experimental para desenvolver um alarme contra incêndios para surdos baseado no cheiro forte e pungente do wasabi?

PRINCIPAIS NUTRIENTES ENCONTRADOS EM 1 COLHER DE CHÁ DE WASABI EM PASTA

Nutriente	Quantidade
Calorias	5.5
Gordura total	Traços
Proteína	0,24 g
Carboidrato	1,18 g
Fibra	0,39 g
Vitamina C	2,09 mg
Potássio	28,4 mg

Salada daikon com molho de wasabi

SERVE 4 (F) (D) (C) (A)

1 pedaço de 20 cm de daikon (nabo japonês) ou nabo comum
½ pepino
1 punhado de folhas de espinafre bem tenras, picadas
3 rabanetes, cortados em rodelas finas
algumas folhas de acelga, cortadas em tiras finas
1 colher de sopa de sementes de girassol
2 colheres de chá de sementes de gergelim branco, ligeiramente tostadas

Molho de wasabi

4 colheres de sopa de vinagre de arroz
2 colheres de sopa de óleo de semente de uva
1 colher de chá de molho de soja light
1 colher de chá de wasabi em pasta
½ colher de chá de mel de boa qualidade
Sal a gosto

Preparo

1 Corte o nabo em tiras bem finas ou use um ralador de legumes e rale no sentido do comprimento. Enxágue em água fria e seque bem.
2 Corte o pepino ao meio no sentido do comprimento e tire as sementes usando uma colher de chá. Descasque e pique em tiras bem finas, como o nabo.
3 Coloque o nabo, o pepino e as folhs de espinafre picadas em uma travessa ou saladeira. Junte os rabanetes e a acelga.
4 Em uma tigela à parte, misture os ingredientes do molho. Despeje sobre a salada e mexa bem. Salpique as sementes de girassol e as sementes de gergelim tostadas.

83 PIMENTA-DO--REINO

A pimenta-do-reino acentua o sabor dos alimentos, além de estimular a beta--endorfina, benéfica ao sistema imunológico.

A piperina é responsável pelo sabor picante da pimenta-do-reino. Estudos recentes demonstraram que a piperina ajuda na absorção de nutrientes, como as energizantes vitaminas do complexo B, o selênio e o betacaroteno. É também importante na ação anti-inflamatória e anticancerígena da curcumina (substância encontrada na cúrcuma), pois facilita sua absorção. Os óleos essencias da pimenta-do-reino contêm terpenos, como o limoneno (encontrado em frutas cítricas) e o pineno (encontrado em pinheiros), que ajudam na prevenção do câncer, controlam os batimentos cardíacos e têm ação antibacteriana.

- Fonte do mineral cromo, que estimula o equlíbrio do açúcar no sangue e o controle do peso.
- Fortalece membranas, ajudando a prevenir varizes e a manter a pele firme, jovem e saudável.
- Acredita-se que tenha propriedades antidepressivas.

Dicas práticas:
Os grãos de pimenta-do-reino preta contêm mais nutrientes do que os grãos de pimenta-do-reino branca. Ambos são obtidos dos grãos verdes da pimenteira, mas os grãos brancos têm a casca removida. Para um sabor mais acentuado, use os grãos inteiros moídos na hora. Mantenha em recipiente de vidro bem fechado, em local fresco e com pouca luminosidade.

VOCÊ SABIA QUE...

A pimenta-do-reino não pertence à mesma família dos pimentões e da pimenta vermelha? Cristovão Colombo fez essa confusão quando conheceu a pimenta no Haiti.

PRINCIPAIS NUTRIENTES ENCONTRADOS EM 2 COLHERES DE SOPA DE GRÃOS DE PIMENTA-DO--REINO

Calorias	38
Gordura total	0,48 g
Proteína	1,64 g
Carboidrato	9,72 g
Fibra	3,98 g
Vitamina C	3,15 mg
Cálcio	85,2 mg
Magnésio	29,1 mg
Potássio	189 mg
Manganês	0,84 mg
Cromo	Traços

Tamboril com crosta de pimenta-do-reino

SERVE 4 (M) (C) (A)

3 colheres de sopa de grãos de pimenta-do-reino esmagados
Sal marinho ou sal grosso
600 g de filé de tamboril, cortado em cubos (ou outro peixe a sua escolha, de carne branca e firme)
1 colher de sopa de azeite de oliva

Molho

1 colher de sopa de azeite de oliva
1 minicebola, bem picada
1 dente de alho, bem picado
3 colheres de sopa de vinho branco
⅓ de xícara de iogurte natural de consistência firme ou coalhada fresca
1 colher de chá de amido de milho
2 colheres de sopa de mostarda em grãos
2 colheres de sopa de dill fresco picado

Preparo

1 Misture os grãos de pimenta e o sal marinho. Passe os pedaços de peixe nessa mistura, envolvendo bem cada pedaço.
2 Para preparar o molho, aqueça o azeite em uma frigideira pequena. Junte a minicebola e refogue, em fogo médio, por 3 minutos, até ficar transparente. Junte o alho e refogue por mais 1 minuto. Adicione o vinho e cozinhe até secar. Misture o iogurte e o amido de milho, deixe levantar feruvra e acrescente a mostarda, o dill e um pouco de sal.
3 Aqueça o azeite em uma frigideira. Junte os cubos de peixe e frite por 3 minutos, virando para que todos os lados fritem por igual. O peixe estará pronto quando os pedaços ficarem firmes ao toque. Retire com uma escumadeira e coloque sobre papel toalha. Sirva quente, acompanhado do molho.

84 CARDAMOMO

O cardamomo é benéfico para o trato digestivo. Ajuda a absorver melhor os nutrientes responsáveis pelo rejuvenescimento.

O cardamomo atua diretamente na limpeza do trato digestivo; é tradicionalmente usado no tratamento de cólicas e dores estomacais, disenteria e constipação, que podem levar ao aumento de toxinas, de colesterol e de problemas hormonais.

- Contém óleos que ajudam a eliminar o muco da garganta, do nariz e do peito, que pode provocar inflamações associadas à idade avançada.
- Ajuda a depurar os rins, reduzindo a retenção de líquido e mantendo a aparência jovem e a pele macia.
- Mascar cardamomo ajuda a prevenir infecções nos dentes e gengivas ligadas a doenças cardíacas.

Dicas práticas:
As sementes de cardamomo podem ser utilizadas no preparo de pratos doces e salgados com parcimônia, pois, como têm sabor forte, podem dominar todos os outros temperos. Chá de sementes de cardamomo amassadas (você pode reutilizar as que usou em outros pratos e que se conservaram inteiras) é tradicionalmente usado no tratamento de depressão e, com canela, no tratamento de dores de garganta e rouquidão. O óleo de cardamomo é recomendado em massagens para aliviar a tensão muscular.

VOCÊ SABIA QUE...

No sul da Ásia, o cardamomo, além de ser um tempero bastante popular, é também usado como antídoto para mordidas de escorpião e cobra? É ingrediente regular na culinária de países nórdicos europeus e do Oriente Médio, usado em doces, café e chá.

PRINCIPAIS NUTRIENTES ENCONTRADOS EM 2 COLHERES DE SOPA DE SEMENTES DE CARDAMOMO

Nutriente	Quantidade
Calorias	47
Gordura total	1 g
Proteína	1,614 g
Carboidrato	10,27 g
Fibra	4,2 g
Vitamina C	3,15 mg
Cálcio	57,45 mg
Magnésio	34,35 mg
Potássio	167,85 mg
Ferro	2,09 mg
Manganês	4,2 mg

Arroz basmati picante

SERVE 4–6 (P) (D) (C) (A)

1 xícara de arroz basmati branco ou integral
2 colheres de sopa de ghee ou óleo de amendoim*
5 vagens verdes de cardamomo, ligeiramente amasadas
5 cravos-da-índia
2 folhas de louro
½ canela em pau
1 colher de chá de sementes de erva-doce
½ colher de chá de semente de mostarda preta
2 xícaras de água
1½ colher de sal
2 colheres de sopa de coentro fresco picado
Pimenta

* O ghee é a gordura derivada do leite, após total remoção de suas partes sólidas e da água. É a essência do leite, sua parte mais secreta. Além de saboroso acompanhamento de pães e biscoitos, o ghee é um substituto saudável da manteiga e dos óleos. É um ingrediente da culinária indiana, encontrado em lojas de produtos orientais ou importados.

Preparo

1 Lave bem o arroz e deixe de molho por 30 minutos. Escorra e reserve.

2 Derreta o ghee, em fogo de médio para alto, em uma panela de pressão. Junte as especiarias e frite por 30 segundos, sem parar de mexer. Acrescente o arroz e misture bem. Adicione a água e o sal e deixe levantar fervura.

3 Diminua o fogo e tampe bem a panela. Cozinhe em fogo bem brando, por 8-10 minutos, até que o arroz fique macio e absorva o líquido.

4 Retire do fogo e misture o coentro, com a ajuda de 2 garfos. Acerte os temperos, se necessário. Tampe a panela novamente e deixe descansar por 5 minutos.

85 MOSTARDA

O sabor picante e agradável da mostarda estimula a circulação, levando oxigênio e os nutrientes responsáveis pela preservação da juventude para todas as partes do corpo.

A semente de mostarda é excelente fonte de nutrientes. Pertence à família das brassicáceas, como o brócolis e o repolho, e também contém glucosinolatos e isotiocianatos, que ajudam a prevenir o crescimento de câncer, principalmente de mama e próstata. Além disso, contém mucilagem, substância que suaviza a parede do trato digestivo e ajuda a preservar a camada de mucosa protetora. Essa camada permite a absorção de nutrientes e elimina agentes responsáveis pelo envelhecimento, como as toxinas, bactérias e vírus. A mucilagem aumenta o volume do bolo fecal, agregando um efeito laxativo suave que favorece a digestão saudável.

- Contém teor elevado de selênio, mineral de efeito antioxidante potente, que ajuda a manter a pele jovem e saudável.
- Estimula a digestão, favorecendo a absorção completa de nutrientes rejuvenescedores.
- Tem propriedades anti-inflamatórias que mantêm a pele sem manchas e macia e deixa as articulações mais flexíveis.

Dicas práticas:
Pode ser encontrada em pasta (sementes moídas misturadas à água) ou em pó. Não deve ser armazenada por muito tempo antes de usar, pois perde as propriedades benéficas. A mostarda em pó deve ser guardada em recipiente com tampa hermética, em local pouco iluminado. A mostarda em grãos pode ser obtida misturando as sementes de mostarda com vinagre.

VOCÊ SABIA QUE...

A mostarda é um dos mais antigos fitoterápicos, usada como medicamento desde 3000 a.C.? Sua denominação deriva da palavra em latim *mustum*, "vinho novo".

PRINCIPAIS NUTRIENTES ENCONTRADOS EM 4 COLHERES DE CHÁ DE SEMENTES DE MOSTARDA

Calorias	76
Gordura total	3,28 g
Proteína	3,91 g
Carboidrato	4,21 g
Fibra	1,83 g
Vitamina C	1,06 mg
Vitamina B_3	0,71 mg
Selênio	31,21 mcg

Peixe picante ao curry

SERVE 4–6 (P) (F) (D) (C)

3 colheres de sopa de óleo de amendoim ou de coco
1 colher de sopa de semente de mostarda preta
12 folhas de curry fresco ou 1 colher de sopa de folhas de curry secas
6 minicebolas, bem picadas
1 dente de alho, espremido
1 colher de chá de cúrcuma em pó
½ colher de chá de coentro em pó
¼ a ½ colher de chá de pimenta vermelha em pó
1½ xícara de leite de coco
500 g de filé de peixe sem pele e sem espinhas, cortado em pedaços (peixe de carne branca, por exemplo, tamboril ou bacalhau fresco)
450 g de camarão cru, limpo e sem casca
Raspas e suco de 1 limão
Sal
Gomos de limão, para decorar

Preparo

1 Aqueça o óleo em uma frigideira karahi (indiana), wok ou uma frigideira grande. Junte as sementes de mostarda e frite, sem parar de mexer, por 1 minuto ou até que comecem a pipocar. Misture as folhas de curry.

2 Adicione as minicebolas e o alho e refogue por cerca de 5 minutos ou até dourar. Acrescente a cúrcuma, o coentro e a pimenta em pó e continue refogando por cerca de 30 segundos.

3 Junte o leite de coco e deixe levantar fervura. Diminua a chama e cozinhe por 2 minutos, sem parar de mexer.

4 Em fogo bem baixo, acrescente o peixe e cozinhe por 1 minuto, regando-o com o molho da frigideira e virando-o, para cozinhar e absorver o molho por igual de todos os lados. Junte o camarão e continue cozinhando por mais 4-5 minutos, até que o peixe desfie facilmente e o camarão fique rosado e ligeiramente enrolado.

5 Misture metade do suco de limão, experimente e adicione mais suco e sal a gosto. Salpique as raspas de limão, decore com os gomos e sirva.

86 VINHO TINTO

O vinho tinto ajuda a combater o envelhecimento. Apreciado com moderação, oferece excelente proteção para o coração.

O teor elevado de resveratrol encontrado na casca das uvas usadas na fabricação do vinho tinto é responsável por sua poderosa ação antioxidante. Graças ao resveratrol, beber vinho tinto com moderação, até 2 taças por dia, aumenta a fluidez das plaquetas do sangue e mantém os vasos sanguíneos mais flexíveis e livres, ajudando a controlar a pressão arterial e a reduzir o risco de doenças cardíacas. Quando associado a alimentos ricos em nutrientes que combatem o envelhecimento como legumes, frutas, azeite de oliva e alho, abundantes na Dieta do Mediterrâneo, o consumo moderado de vinho pode aumentar a expectativa de vida em até 1 ano.

- Resveratrol é um agente eficaz na prevenção de doenças.
- Estudos sugerem que o vinho tinto tem poderosa ação anti--inflamatória, mantendo o bom funcionamento das articulações e a pele macia e sem manchas.
- Alguns estudos indicam que o Cabernet Sauvignon pode ajudar a reduzir a deterioração de memória característica da doença de Alzheimer.

VOCÊ SABIA QUE...

Beber vinho tinto em pequenos goles aumenta em 100 vezes o teor de resveratrol no sangue, pois a absorção dessa substância pela boca é melhor do que pelo sistema digestivo.?

PRINCIPAIS NUTRIENTES ENCONTRADOS EM 125 ML DE VINHO TINTO

Calorias	95
Gordura total	0 g
Proteína	0,07 g
Carboidrato	2,87 g
Potássio	145,6 mg

Dicas práticas:

Beber mais do que a quantidade recomendada (1 taça para mulheres e 2 para homens) anula todos os benefícios do vinho tinto. A qualidade também é muito importante: quanto mais escuro, maior o teor de antioxidantes. É mais elevado nas uvas Merlot, Cabernet Sauvignon e Chianti. As variedades Rioja e Pinot Noir apresentam teor moderado e as de menor teor são as Côtes Du Rhône.

Repolho roxo com mel e passas brancas

SERVE 6 (C) (A)

2 colheres de sopa de manteiga
1 dente de alho, picado
1 repolho roxo, de tamanho médio, picado
¾ de xícara de uvas-passas brancas
1 colher de mel de boa qualidade
⅓ de xícara de vinho tinto
⅓ de xícara de água

Preparo

1 Derreta a manteiga em uma panela grande em fogo médio. Adicione o alho e frite, sem parar de mexer, por 1 minuto, ou até ficar macio.

2 Junte o repolho e as passas. Misture o mel e refogue por mais 1 minuto. Acrescente o vinho e a água e deixe levantar fervura. Diminua a chama, tampe a panela e cozinhe em fogo brando por 45 minutos ou até cozinhar o repolho. Mexa algumas vezes. Sirva quente.

87 MELAÇO

Há tampos usado como suplemento alimentar, o melaço é rico em minerais revitalizantes, que determinam a cor escura e brilhante do melaço.

O melaço é rico em uridina, substância encontrada em tomates e sardinhas, de efeito antidepressivo e incluída na fórmula de medicamentos antidepressivos como o Prozac. A uridina ajuda na ação dos ácidos graxos ômega-3, facilitando as reações químicas no cérebro. A presença de colina, vitamina do complexo B, também participa desse processo, produzindo novas conexões cerebrais, mantendo a mente jovem. Usar melaço em bolos, biscoitos e pães enriquece o sabor e reduz significativamente o teor de açúcar refinado. Substituir metade do açúcar por melaço desacelera a liberação rápida e prejudicial de açúcar no sangue.

- Contém dose equilibrada de cálcio e magnésio, que favorece o bom humor e a habilidade de lidar com o estresse, importantes no combate ao envelhecimento.
- Contém potássio, benéfico para o funcionamento do coração e para prevenir inchaços.
- Alimento de origem vegetal rico em ferro, importante na renovação de energia e na oxigenação das células da pele e dos órgãos.

Dicas práticas:
Procure pelo melaço sem enxofre, obtido a partir da cana-de-açúcar mais madura e que não exige a adição de dióxido de enxofre, conservante que provoca irritações estomacais e dor de cabeça. Use como substituto do açúcar e de caldas.

VOCÊ SABIA QUE...

Melaço é um subproduto da extração de açúcar a partir da cana-de-açúcar? O mais conhecido, de coloração escura, é obtido na terceira fervura da cana-de-açúcar, quando o residual de cristais de açúcar é menor.

PRINCIPAIS NUTRIENTES ENCONTRADOS EM 1 COLHER DE SOPA DE MELAÇO

Nutriente	Quantidade
Calorias	43,5
Gordura total	Traços
Proteína	0 g
Carboidrato	11,2 g
Fibra	0 g
Vitamina B_3	0,14 mg
Vitamina B_5	0,12 mg
Vitamina B_6	0,1 mg
Colina	1,99 mg
Cálcio	30,75 mg
Magnésio	36,3 mg
Potássio	219 mg
Ferro	0,71 mg
Manganês	0,22 mg
Selênio	2,67 mcg

Pão de gengibre

SERVE 9 (P) (M) (C)

7 colheres de sopa de manteiga sem sal, mais a quantidade para untar
¼ de xícara de açúcar mascavo
5 colheres de sopa de melaço
1 clara
1 colher de chá de essência de amêndoa
1¼ de xícara de farinha de trigo, mais a quantidade para polvilhar
¼ de colher de chá de bicarbonato de sódio
¼ de colher de chá de fermento em pó
1 pitada de sal
½ colher de chá de pimenta-da-jamaica
½ colher de chá de gengibre em pó
1 xícara de maçãs cozidas, picadas

Preparo

1 Preaqueça o forno a 180ºC. Unte uma forma para bolos de 23 cm, quadrada e funda, e forre com papel-manteiga. Coloque a manteiga, o açúcar, o melaço, a clara e a essência de amêndoas em um processador e bata até obter um creme liso.

2 Em uma tigela à parte, peneire a farinha, o bicarbonato, o fermento, o sal, a pimenta-da-jamaica e o gengibre em pó. Junte à mistura cremosa e bata bem. Misture as maçãs picadas. Transfira a massa para a assadeira preparada.

3 Asse por 10 minutos ou até dourar. Retire do forno e corte em 9 pedaços. Transfira os pedaços para uma grade de metal e deixe esfriar totalmente antes de servir.

88 MEL

O mel puro é um dos mais antigos produtos antibacterianos naturais conhecidos.

O mel é obtido a partir da combinação da saliva da abelha com o pólen das flores, portanto, suas propriedades variam de acordo com as das flores visitadas pelas abelhas. Em estado puro, contém amplo espectro de antioxidantes, como a crisina e a vitamina C, que preservam a juventude, mas essas propriedades são destruídas quando o mel é processado ou aquecido em altas temperaturas. O mel Manuka, da Nova Zelândia, é o único testado e aprovado por suas propriedades de combate a bactérias nocivas. Estudos demonstraram que ele é duas vezes mais eficaz do que outros tipos de mel no combate às bactérias *E. coli* e *Staphylococcus*.

- O mel puro contém própolis, que ajuda a reduzir inflamações e a combater o envelhecimento prematuro.
- Mel de boa qualidade contém lactobacilos e bifidobactérias, bactérias probióticas benéficas que fortalecem a imunidade, um dos fatores que preservam a juventude.
- Quando aplicado diretamente sobre a pele, ajuda a cicatrizar manchas, queimaduras, cortes e machucados, que podem envelhecer a aparência.

Dicas práticas:
Procure por mel de boa procedência, puro e não processado. Os de coloração mais escura, de trigo sarraceno ou sálvia, contêm mais antioxidantes; os produzidos a partir de flores que brotam no verão contêm mais bactérias benéficas. Pode substituir o açúcar, porém, com parcimônia, pois pode desencadear a compulsão por doces.

VOCÊ SABIA QUE...

Quando misturado com água, o mel produz o antisséptico peróxido de hidrogênio, conhecido como água oxigenada, e pode ser aplicado sobre ferimentos para mantê-los limpos e livres de infecções durante a cicatrização?

PRINCIPAIS NUTRIENTES ENCONTRADOS EM 1 COLHER DE SOPA DE MEL

Nutriente	Quantidade
Calorias	45,5
Gordura total	0 g
Proteína	0,04 g
Carboidrato	12,36 g
Fibra	0,03 g

Granola caseira

SERVE 6–8 (P) (D) (A)

3 xícaras de aveia em flocos
2 maçãs ácidas, sem a casca e picadas
½ xícara de figo seco picado
½ xícara de lascas de amêndoas
2 colheres de sopa de mel de boa qualidade
¼ de xícara de água fria
1 colher de chá de canela em pó
1 colher de chá de essência de baunilha
1 colher de chá de manteiga derretida, para untar
Iogurte natural desnatado ou coalhada fresca para acompanhar

Preparo

1 Preaqueça o forno a 160ºC. Em uma tigela, misture a aveia, a maçã, o figo e as amêndoas. Ferva o mel, a água, a canela e a essência de baunilha em uma panela e despeje sobre a mistura de aveia, mexendo tudo muito bem.

2 Unte uma assadeira grande com a manteiga e espalhe a granola uniformemente sobre ela. Asse por 40-45 minutos ou até a granola dourar bem. Mexa algumas vezes, com um garfo, para desmanchar os pedaços. Transfira para outra assadeira limpa e deixe esfriar. Guarde em recipientes com tampas herméticas. Sirva sobre iogurtes e coalhadas.

6

CASTANHAS, SEMENTES E ÓLEOS

Um grande passo na preservação da juventude por meio da alimentação é compreender a importância da qualidade da gordura e não da quantidade. Os órgãos e células do organismo são feitos de gordura e precisam de reabastecimento constante. Castanhas, sementes e óleos são ricos em gorduras saudáveis e em uma extensa variedade de nutrientes antienvelhecimento.

(P) Pele, cabelo e unhas

(F) Força e mobilidade

(D) Saúde digestiva e desintoxicação

(M) Saúde mental

(C) Saúde do coração

(A) Antioxidante facilitador da imunidade

89 AMÊNDOA

A amêndoa é rica em proteínas, fibras e ácidos graxos ômega-6, que preservam a juventude.

Todas as castanhas estimulam a perda de peso, pois regulam o metabolismo e os níveis de açúcar no sangue ao fornecer fontes de energia. Segundo estudos realizados, o consumo regular de amêndoas reduz o colesterol "ruim" LDL e, em consequência, o risco de doenças cardíacas, pedra na vesícula e diabetes. Os ácidos graxos ômega-6, além de benéficos para o coração, ajudam a controlar o humor, inclusive as alterações de humor associadas à tensão pré-menstrual e à menopausa. A amêndoa contém teor elevado de ácidos graxos oleicos e monoinsaturados, substâncias também encontradas no azeite de oliva, em nozes e abacates, alimentos que fazem parte da Dieta do Mediterrâneo, conhecida como importante para a preservação da juventude.

- Rica em fitoesteróis, que previnem a absorção de colesterol e fortalecem a imunidade, ajudando na preservação da juventude.
- Contém uma proporção de cálcio e magnésio excelente (1 : 1) benéfica para as reações e respostas musculares e cerebrais.
- Contém vitamina E, que lubrifica a pele, mantendo-a firme e protegida contra manchas associadas à idade avançada.

Dicas práticas:
Excelente alternativa para um lanche rápido entre refeições, pois afasta a compulsão por doces. Cruas são mais saudáveis do que as torradas e salgadas. Se deixadas de molho em água, ficam mais fáceis de digerir.

VOCÊ SABIA QUE...

Existem registros de plantações de amendoeiras que datam de 3000 a.C.? As amêndoas são utilizadas em tantos lugares e com tanta frequência que é difícil satisfazer à demanda: toda a produção de amêndoas é utilizada.

PRINCIPAIS NUTRIENTES ENCONTRADOS EM 3½ COLHERES DE SOPA DE AMÊNDOA

Nutriente	Quantidade
Calorias	174
Gordura total	15 g
Gordura monoinsaturada	9,27 g
Ácidos graxos ômega-6	3,619 mg
Ácidos graxos ômega-9	9,182 mg
Proteína	6,6 g
Carboidrato	6 g
Fibra	3 g
Vitamina B_2	0,03 mg
Vitamina B_3	1,01 mg
Vitamina B_5	0,14 mg
Vitamina E	7,4 mg
Cálcio	80 mg
Magnésio	80 mg
Potássio	211,5 mg
Fósforo	145,2mg
Zinco	1,51 mg
Fitoesteróis	42,9 mg

Salada com amêndoas

SERVE 4 (F) (D) (M) (C) (A)

¾ de xícara de broto de feijão, lavados e escorridos
1 punhado de uvas rosadas e verdes, sem sementes e cortadas ao meio
12 damascos secos, cortados ao meio
¼ de xícara de amêndoas sem pele, cortadas ao meio
Pimenta

Molho

1 colher de sopa de óleo de nozes
1 colher de chá de óleo de gergelim
2 colheres de chá de vinagre balsâmico

Preparo:

1 Coloque o broto de feijão na fundo de uma saladeira e espalhe as uvas e os damascos por cima.
2 Coloque os óleos e o vinagre em um vidro de tampa de rosca e agite bem até ficar uma mistura homogênea. Despeje sobre a salada.
3 Salpique as amêndoas sem pele e tempere com pimenta.

90 CASTANHA

A castanha é o único alimento da família das nozes que contém vitamina C, que, combinada ao teor elevado de potássio, ajuda a proteger o coração.

A castanha é rica em energia, que libera hidratos de carbono na corrente sanguínea bem lentamente, ajudando a controlar o apetite e o peso ao evitar a compulsão por doces e gorduras. Boa substituta para grãos, que podem desencadear irritações, e feijões, que são, às vezes, de difícil digestão. Contém uma ampla variedade de aminoácidos que constituem as proteínas necessárias na produção de hormônios, ossos, pele e neurotransmissores (substâncias químicas cerebrais), que mantêm o raciocínio jovem e ativo.

- Contém vitaminas do complexo B, que geram a energia necessária para a restauração do organismo e combate ao envelhecimento.
- Contém cobre, que ajuda a agrupar o colágeno, mantendo a pele firme e sem rugas.
- Contém manganês e vitamina B3, que levam o açúcar às células, onde é necessário para a produção de energia.

Dicas práticas:
Inteiras e torradas, as castanhas são perfeitas para um lanche rápido ente as refeições, principalmente em dias mais frios. Descascadas e embaladas a vácuo, podem ser armazenadas por períodos mais longos e usadas em saladas ou cozidos. Boa alternativa para receitas vegetarianas, acrescentando sabor e textura mais consistente a alguns pratos.

VOCÊ SABIA QUE...

Tanto os romanos quanto Alexandre, o Grande, plantaram castanheiras no caminho das tropas, durante as batalhas na Europa, para alimentar seus soldados?

PRINCIPAIS NUTRIENTES ENCONTRADOS EM ⅓ DE XÍCARA DE CASTANHA

Nutriente	Quantidade
Calorias	59
Gordura total	0,375 g
Ácidos graxos ômega-6	132 mg
Ácidos graxos ômega-9	124 mg
Proteína	0,26 g
Carboidrato	13,2 g
Fibra	0 g
Vitamina C	12 mg
Vitamina B_3	0,33 mg
Vitamina B_5	0,14 mg
Vitamina B_6	0,1 mg
Potássio	145 mg
Cobre	0,12 mg
Manganês	0,09 mg

Sopa de castanhas

SERVE 6 (P) (F) (M) (C)

2 colheres de sopa de manteiga ou 1 colher de sopa de azeite de oliva
1 cebola, bem picada
1 talo de salsão, bem picado
200 g de castanhas inteiras embaladas a vácuo
4 xícaras de caldo de legumes ou de galinha pronto com pouco sal
½ xícara de iogurte natural
2 colheres de sopa de vinho xerez (opcional)
Sal e pimenta
Salsinha fresca picada para decorar

Preparo

1 Derreta a manteiga em uma panela grande em fogo médio. Junte a cebola e o salsão e refogue por 4-5 minutos, até ficar macio.
2 Junte as castanhas e refogue por mais 5 minutos. Adicione o caldo. Deixe levantar fervura e cozinhe em fogo brando por 20-25 minutos.
3 Transfira para um processador ou liquidificador e bata até obter um creme liso. Coloque a sopa na panela lavada. Junte o iogurte e aqueça. Tempere com sal e pimenta a gosto. Acrescente o vinho xerez, se estiver usando, e sirva quente, em tigelas individuais aquecidas. Salpique a salsinha picada antes de levar à mesa.

91 NOZES

As nozes agem sobre o humor, fortalecem a memória, o foco e a concentração.

VOCÊ SABIA QUE...

A casca das nozes é usada como ingrediente em creme de limpeza para a pele, em espessantes de tinta, na limpeza de metais e como carga para explosivos?

PRINCIPAIS NUTRIENTES ENCONTRADOS EM ¼ DE XÍCARA DE NOZES

Nutriente	Quantidade
Calorias	196
Gordura total	19,5 g
Gordura monoinsaturada	2,68 g
Ácidos graxos ômega-3	2,728 mg
Ácidos graxos ômega-6	11,428 mg
Ácidos graxos ômega-9	2,639 mg
Proteína	4,57 g
Carboidrato	4,1 g
Fibra	2 g
Vitamina B_3	0,34 mg
Vitamina B_5	0,17 mg
Vitamina B_6	0,16 mg
Magnésio	47,4 mg
Potássio	132 mg
Manganês	1,02 mg
Selênio	1,47 mcg
Zinco	0,93 mg
Fitoesteróis	32,4mg

Os nutrientes encontrados nas nozes atuam em conjunto na produção de serotonina, neurotransmissor responsável pelo sono e pelo humor. A serotonina, em níveis reduzidos, está associada a depressão, insônia, compulsão por açúcar e transtornos alimentares, como a bulimia e a compulsão alimentar – distúrbios relacionados ao envelhecimento prematuro. Além disso, o alto teor de ácidos graxos ômega-3 protege as artérias das gorduras ingeridas contidas em alimentos menos saudáveis. Estudos sugerem que a ingestão diária de 4 nozes contribui para a qualidade do sangue, mantendo o coração jovem e forte. Contém melatonina, hormônio que regula o sono e combate a insônia, favorecendo a restauração e desintoxicação.

- Boa fonte de ácido elágico, composto antioxidante que reduz a multiplicação das células cancerígenas.
- Contém teor elevado de zinco, selênio e fitoesteróis, que mantêm a juventude do sistema imunológico.
- Contém teor elevado de ácidos graxos ômega-9 (ácido oleico), que reduz o risco de arteriosclerose, doenças cardíacas e derrames.

Dicas práticas:
Devido ao alto teor de ácidos graxos ômega, as nozes são altamente perecíveis. Guarde-as em recipientes hermeticamente fechados e longe de calor e luz. Dura mais se refrigerada ou congelada. Se preferir o sabor das nozes bem frescas, compre-as inteiras e quebre a casca na hora de servir.

Pão de banana e nozes

RENDE 1 PÃO (P) (F) (M) (C) (A)

1 xícara de óleo de nozes
½ xícara de açúcar mascavo
2 ovos
3 bananas bem maduras, amassadas
2 xícaras de farinha de trigo
1 colher de chá de bicarbonato de sódio
1 colher de chá de fermento em pó
½ colher de chá de sal
3 colheres de sopa de leite
2 colheres de sopa de iogurte natural
½ colher de chá de essência de baunilha
½ xícara de nozes, bem picadas ou moídas

Preparo

1 Preaqueça o forno a 180ºC. Unte uma forma para pães de 23 x 13 x 8 cm. Com uma batedeira elétrica, bata o óleo e o açúcar. Acrescente os ovos e as bananas e bata.

2 Misture os ingredientes secos e junte-os à mistura de banana. Adicione o leite, o iogurte e a baunilha e bata até ficar homogêneo. Misture as nozes picadas. Transfira a massa para a forma de pães.

3 Asse por 50 minutos a 1 hora ou até que, ao enfiar um palito no centro do pão, ele saia limpo.

92 PECÃS

As pecãs contêm o teor mais elevado de nutrientes antioxidantes que qualquer outro alimento da família das nozes.

As nozes-pecã, em geral, não são valorizadas. Segundo estudos realizados, a ingestão diária de um punhado de nozes-pecã ajuda a prevenir doenças cardíacas e a baixar o colesterol. A quantidade de calorias contida na pecã, e em outros tipos de nozes, leva à conclusão errônea de que contribui para o aumento de peso. Porém, é preciso lembrar que as nozes-pecã são ricas em energia por conter teor elevado de ácidos graxos benéficos para a saúde. Esses ácidos graxos ajudam a aumentar o metabolismo e a conter a compulsão por doces, estes sim responsáveis pelo acúmulo de peso e por problemas associados ao envelhecimento, como diabetes, artrite e doenças cardíacas. Pessoas que ingerem 2 porções de pecã ao dia têm menos tendência a engordar do que aquelas que evitam as nozes.

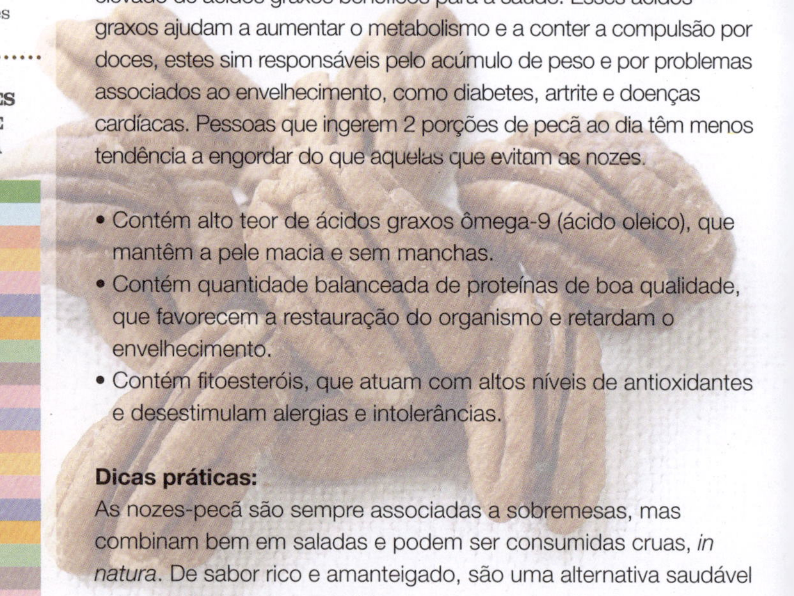

- Contém alto teor de ácidos graxos ômega-9 (ácido oleico), que mantêm a pele macia e sem manchas.
- Contém quantidade balanceada de proteínas de boa qualidade, que favorecem a restauração do organismo e retardam o envelhecimento.
- Contém fitoesteróis, que atuam com altos níveis de antioxidantes e desestimulam alergias e intolerâncias.

Dicas práticas:
As nozes-pecã são sempre associadas a sobremesas, mas combinam bem em saladas e podem ser consumidas cruas, *in natura*. De sabor rico e amanteigado, são uma alternativa saudável para substituir balas e confeitos.

VOCÊ SABIA QUE...

Os Estados Unidos são responsáveis por 80 a 95% da produção mundial de pecãs, onde as árvores podem crescer e produzir as nozes por 300 anos?

PRINCIPAIS NUTRIENTES ENCONTRADOS EM ⅓ DE XÍCARA DE NOZES-PECÃ

Nutriente	Quantidade
Calorias	207
Gordura total	21,6 g
Gordura monoinsaturada	12,2 g
Ácidos graxos ômega-3	295 mg
Ácidos graxos ômega-6	6,189 mg
Ácidos graxos ômega-9	12,178 mg
Proteína	2,7 g
Carboidrato	4,15 g
Fibra	2,8 g
Vitamina B_1	0,19 mg
Vitamina B_3	0,35 mg
Vitamina B_5	0,25 mg
Folato	55 mcg
Magnésio	36 mg
Potássio	123 mg
Ferro	1,4 mg
Manganês	1,35 mg
Zinco	1,35 mg
Fitoesteróis	32 mg

Salada de beterraba com noz-pecã

SERVE 4 (P)(F)(C)(A)

3 colheres de sopa de vinagre de vinho tinto ou vinagre de maçã
3 beterrabas cozidas raladas
2 maçãs ácidas
2 colheres de sopa de suco de limão
4 punhados cheios de um mix de folhas para salada, para acompanhar
4 colheres de sopa de nozes-pecã para decorar

Molho

⅓ de xícara de iogurte natural ou coalhada fresca
1 dente de alho picado
1 colher de sopa de dill fresco
Sal e pimenta

Preparo

1 Regue as beterrabas com o vinagre, cubra com filme plástico e leve à geladeira por pelo menos 4 horas.
2 Tire as sementes das maçãs e corte-as em fatias. Disponha as fatias em uma travessa e regue com o suco de limão para evitar que escureçam.
3 Em uma tigela à parte, misture os ingredientes do molho. Tempere as beterrabas. Acrescente as maçãs e mexa bem.
4 Distribua as folhas para salada entre 4 pratos individuais. Cubra cada porção com uma colher da salada de beterrabas e maçãs.
5 Toste as nozes-pecã em uma frigideira, sem óleo, por 2 minutos, em fogo médio ou até que comecem a dourar. Salpique sobre cada porção de salada e sirva.

93 COCO

O coco é uma fonte de energia concentrada. Fortalece o metabolismo e sacia o apetite.

O coco não é muito valorizado entre os alimentos considerados saudáveis devido ao teor elevado de gordura. Porém, essa gordura é de origem vegetal e não animal, sendo, portanto, mais fácil de digerir e de ser transformada em energia. Povos que incluem o consumo regular de coco na alimentação apresentam incidência menor de obesidade, colesterol alto, doenças cardíacas e diabetes. Segundo estudos, ao nutrir glândulas suprarrenais cansadas, o coco previne tumores, regula o colesterol, normaliza o nível de açúcar no sangue e combate os efeitos responsáveis pelo envelhecimento resultantes do estresse. A água de coco tem o mesmo teor de minerais que o sangue humano, sendo importante para a reidratação, mantendo a pele macia e firme e reduzindo a retenção de líquidos.

- Contém bom teor de fitoesteróis, zinco e selênio, que ajudam no combate aos fatores ambientais responsáveis pelo envelhecimento.
- Contém ácido láurico, também presente no leite materno humano, que protege de infecções virais e bacterianas.
- Contém ácido caprílico, que evita infecções fúngicas prejudiciais ao sistema digestivo e à proteção imunológica.

Dicas práticas:
A polpa do coco pode ser consumida fresca, em pedaços ou ralada. O leite de coco é uma boa alternativa ao leite em vitaminas ou pratos salgados. O coco seco sem açúcar é mais versátil e saudável. Flocos de coco desidratado podem ser usados em lanches rápidos entre as refeições e ajudam a diminuir a compulsão por doces.

VOCÊ SABIA QUE...

O coco é uma planta originária do Pacífico tropical? Porém, registros escritos encontrados na Índia datados de 2000 anos atrás mencionam o coco, gerando dúvidas com relação à sua origem verdadeira.

PRINCIPAIS NUTRIENTES ENCONTRADOS EM 1 XÍCARA DE COCO SECO, SEM AÇÚCAR

Nutriente	Quantidade
Calorias	660
Gordura total	64,53 g
Ácido láurico	28,629 mg
Ácido caprílico	4,520 mg
Proteína	6,88 g
Carboidrato	23,65 g
Fibra	16,3 g
Vitamina B_5	0,8 mg
Magnésio	90 mg
Potássio	543 mg
Ferro	3,32 mg
Manganês	2,75 mg
Selênio	18,5 mcg
Zinco	2,01 mg
Fitoesteróis	91 mg

Molho de pimenta com coco

RENDE CERCA DE 1¾ DE XÍCARA (D) (C) (A)

½ coco fresco ou 1⅓ de xícara de coco seco sem açúcar
2 pimentas verdes, com ou sem sementes, a gosto, picadas
1 pedaço de 2,5 cm de gengibre fresco, sem a casca e picado
4 colheres de sopa de coentro fresco picado
2 colheres de sopa de suco de limão ou a gosto
2 minicebolas, bem picadas

Preparo

1 Se estiver usando o coco fresco, use um martelo e um prego e faça um furo bem no centro do "olho" do coco. Tire a água e reserve. Use o martelo para quebrar o coco ao meio, retire a polpa e pique.

2 Coloque o coco e as pimentas verdes em um processador e bata por 30 segundos para picar bem. Junte o gengibre, o coentro e o suco de limão e bata novamente.

3 Se estiver muito seco, acrescente 1 colher de sopa de água de coco ou água. Misture as minicebolas e sirva. Caso não use em seguida, cubra e mantenha na geladeira por até 3 dias.

94 LINHAÇA

A linhaça dourada é considerada um dos alimentos naturais mais nutritivos.

VOCÊ SABIA QUE...

O imperador romano Carlos Magno (742-814 d.C.) popularizou a linhaça na culinária aprovando uma lei que obrigava não só o cultivo, como também o consumo dessa semente?

PRINCIPAIS NUTRIENTES ENCONTRADOS EM 1½ COLHER DE SOPA DE LINHAÇA DOURADA

Nutriente	Quantidade
Calorias	160
Gordura total	42,16 g
Ácidos graxos ômega-3	22,813 mg
Ácidos graxos ômega-6	5,911 mg
Ácidos graxos ômega-9	7,359 mg
Proteína	18,29 g
Carboidrato	28,88 g
Fibra	27,3 g
Vitamina B_1	1,64 mg
Vitamina B_3	3,08 mg
Vitamina B_5	0,99 mg
Vitamina B_6	0,47 mg
Colina	78,7 mg
Cálcio	255 mg
Magnésio	392 mg
Potássio	813 mg
Ferro	5,73 mg
Selênio	25,4 mcg
Zinco	4,34 mg
Luteína/zeaxantina	651 mcg
Fitoesteróis	338 mg

Semente de linhaça deixada de molho é um medicamento caseiro muito antigo usado para manter o bom funcionamento do intestino. Combate a constipação e a diarreia, removendo rapidamente as toxinas responsáveis pelo envelhecimento antes que elas prejudiquem o organismo. Além disso, a linhaça se agrega ao colesterol excedente, que é depois eliminado, assegurando a saúde do coração e do cérebro. O consumo regular de linhaça exercita o músculos do intestino, melhorando a função digestiva a longo prazo. Quando de molho, a linhaça também produz mucilagem, que reveste a parede do trato digestivo, com ação protetora e curativa, ajudando a reduzir intolerâncias a determinados alimentos e fortalecendo o sistema imunológico.

- O teor elevado de ácidos graxos ômega-3 previne inflamações associadas ao envelhecimento e mantém a pele elástica e macia.
- Contém lignana, fitoestrogênio que regula os hormônios femininos e masculinos e contribuem para a potência e saúde sexual.
- É rica em antioxidantes, devido à presença de lignanas, fitoesteróis, luteína e selênio, o que garante à linhaça papel importante no combate ao envelhecimento.

Dicas práticas:
A linhaça pode ser marrom ou dourada; a dourada, porém, é absorvida com mais facilidade. Para aproveitar melhor todos as propriedades benéficas da linhaça, deixe-a de molho em água morna por 10 minutos e adicione 2 colheres de chá – com a água – a mingaus de aveia, cereais, vitaminas ou iogurtes.

Vitamina de maçã e legumes

SERVE 1–2 (P)(F)(D)(M)(C)(A)

1 colher de chá de sementes de linhaça dourada, mais a quantidade para decorar
1 maçã, sem casca e sem sementes, picada
1 cenoura grande picada
1 talo de salsão picado
½ bulbo de erva-doce, picado

Preparo

1 Coloque as sementes de linhaça de molho em água quente por 10 minutos. Bata, no processador ou liquidificador, a linhaça, a maçã, a cenoura e a erva-doce.

2 Transfira para copos, salpique as sementes de linhaça e sirva.

95 SEMENTE DE ABÓBORA

Rica em proteínas, minerais e ácidos graxos ômega, a semente de abóbora tem teor elevado de nutrientes responsáveis pela preservação da juventude.

A semente de abóbora é rica em proteínas, essenciais para a renovação da pele e dos ossos e para a produção de hormônios e substâncias químicas que nos fazem sentir energizados e mentalmente ágeis. Proporcionalmente, a proteína da semente de abóbora contém mais triptofano do que um copo de leite. Triptofano é um aminoácido responsável pela produção de serotonina, que ajuda na manutenção da aparência jovem e saudável. Além disso, segundo estudos realizados, a semente de abóbora é um anti-inflamatório tão eficaz quanto medicamentos; porém, enquanto os medicamentos podem prejudicar as articulações, a semente de abóbora contém ácidos graxos e minerais que fortalecem a mobilidade.

- Contém fósforo, magnésio e vitamina B3, que atuam na reposição de ossos danificados.
- Contém teor elevado de fitoesteróis, zinco e selênio, que protegem a próstata.
- Contém fibras solúveis, que protegem das toxinas responsáveis pelo envelhecimento prematuro.

Dicas práticas:
Use as sementes de abóbora para decorar saladas, sopas e legumes cozidos ou refogados. As propriedades dos ácidos graxos ômega-3 e ômega-6 ficam instáveis quando expostas ao calor e à luz. Portanto, aconselha-se adicionar as sementes de abóbora depois do cozimento, apesar de ficarem deliciosas quando torradas.

VOCÊ SABIA QUE...

A semente de abóbora é ingrediente importante na culinária mexicana tradicional? Faz parte da cultura dos povos nativos das Américas tanto como alimento quanto por suas propriedades medicinais.

PRINCIPAIS NUTRIENTES ENCONTRADOS EM 2 COLHERES DE SOPA DE SEMENTES DE ABÓBORA

Nutriente	Quantidade
Calorias	84
Gordura total	6,9 g
Gordura monoinsaturada	2,43 g
Ácidos graxos ômega-6	3,105 mg
Ácidos graxos ômega-9	2,121 mg
Proteína	4,5 g
Carboidrato	1,6 g
Fibra	0,9 g
Vitamina B_1	0,04 mg
Vitamina B_3	0,74 mg
Vitamina B_5	0,11 mg
Magnésio	88,8 mg
Potássio	121 mg
Fósforo	185 mg
Ferro	1,32 mg
Manganês	0,68 mg
Selênio	1,4 mcg
Zinco	1,17 mg
Fitoesteróis	38,75 mg

Pão de abóbora

SERVE 6 (P) (F) (M) (A)

½ xícara (1 tablete) de manteiga, na temperatura ambiente, mais a quantidade para untar
700 g de polpa de abóbora
¾ de xícara de açúcar mascavo
2 ovos ligeiramente batidos
1½ xícara de farinha de trigo
1½ colher de chá de fermento em pó
½ colher de chá de sal
1 colher de chá de pimenta-da--jamaica em pó
2 colheres de sopa de sementes de abóbora

Preparo

1 Preaqueça o forno a 200°C. Unte uma forma para pães de 23 x 13 x 8 cm.

2 Tire a casca da abóbora, pique a polpa em pedaços grandes e embale-os em papel-alumínio untado. Asse por 30-40 minutos, até ficarem macios. Diminua o forno para 160°C. Deixe a abóbora esfriar e amasse até obter um purê.

3 Em uma tigela à parte, bata a manteiga e o açúcar até obter um creme. Acrescente os ovos, um pouco por vez, e bata. Misture o purê de abóbora, a farinha, o fermento, o sal e a pimenta-da-jamaica.

4 Adicione as sementes de abóbora, mexendo delicadamente, em movimentos circulares em forma de 8. Transfira a massa para a forma de pães. Asse por 1¼ a 1½ hora ou até que, ao inserir um palito no centro do pão, ele saia limpo.

5 Transfira o pão para uma grade de metal e deixe esfriar. Corte em fatias e sirva com manteiga (opcional).

96 TAHINI

Uma maneira deliciosa de comer sementes de gergelim – que têm muitas propriedades medicinais.

A semente de gergelim contém 2 substâncias exclusivas: sasamina e sesamolina, que protegem o coração, regulando o colesterol e a pressão arterial. Elas aumentam a ação antioxidante, principalmente a da pele, ajudando na cicatrização e prevenindo manchas associadas à idade avançada. A semente de gergelim tem um dos mais elevados teores de fitoesteróis, fundamentais para o bom funcionamento do sistema imunológico e para a redução do colesterol. Além disso, contém betacaroteno e vitamina E, importantes antioxidantes solúveis em gordura.

- Contém alto teor de vitamina B3, fósforo e cálcio, que mantêm os ossos fortes e jovens.
- Contém sesamina, que ajuda a proteger o fígado das toxinas, fortalecendo a eliminação dos resíduos nocivos e associados ao envelhecimento dos órgãos.
- Contém alto teor de ácidos graxos ômega-6 e zinco, que favorecem o equilíbrio hormonal em mulheres, estimulando o bom humor e a boa saúde dos ossos.

Dicas práticas:
Tahini é uma pasta de semente de gergelim. Ingrediente versátil, pode ser combinado ao azeite de oliva e usado como molho de saladas, patês, no preparo de homus (patê de grão-de-bico árabe) e adicionado ao falafel, opções bastante comuns na culinária do Oriente Médio. A versão escura, na qual a casca da semente não é removida, é mais nutritiva, porém tem sabor mais acentuado.

VOCÊ SABIA QUE...

Um livro de culinária árabe datado do século XIII cita o tahini como ingrediente de homus? Nos últimos anos, começou a ganhar fama como alternativa à manteiga.

PRINCIPAIS NUTRIENTES ENCONTRADOS EM 1 COLHER DE SOPA DE TAHINI ESCURO

Nutriente	Quantidade
Calorias	85,5
Gordura total	7,2 g
Gordura monoinsaturada	2,7 g
Ácidos graxos ômega-6	3,098 mg
Ácidos graxos ômega-9	2,865 mg
Proteína	2,67 g
Carboidrato	3,92 g
Fibra	0,52 g
Vitamina B_1	0,19 mg
Vitamina B_2	0,07 mg
Vitamina B_3	0,88 mg
Vitamina B_5	0,10 mg
Vitamina B_6	0,02 mg
Folato	14,7 mcg
Cálcio	63 mg
Fósforo	112,8 mg
Potássio	62,1 mg
Ferro	0,37 mg
Zinco	0,69 mg
Fitoesteróis	60 mg

Homus

SERVE 6 (P) (F) (D) (M) (C) (A)

225 g de grão-de-bico cozido ou em lata, sem o caldo
⅔ de xícara de tahini, bem misturado
⅔ de xícara de azeite de oliva extravirgem, mais a quantidade para acompanhar
⅔ de xícara de água, mais uma quantidade extra, se necessário
2 dentes de alho, picados
6 colheres de sopa de suco de limão
1 colher de sopa de hortelã fresca picada
Sal e pimenta
1 colher de chá de páprica, para decorar

Preparo

1. Bata o grão-de-bico, o tahini, o azeite de oliva e a água em um liquidificador. Adicione o alho, o suco de limão e a hortelã e bata mais um pouco.
2. Se ficar muito espesso, adicione 1 colher de sopa de água e bata novamente. Continue adicionando 1 colher de sopa de água por vez, até adquirir a consistência desejada. O homus dever ter consistência de patê. Tempere com sal e pimenta.
3. Transfira para uma travessa ou tigela de mesa. Faça um buraco no centro e encha com 2-3 colheres de sopa de azeite de oliva. Cubra com filme plástico e leve à geladeira. Salpique páprica antes de servir.

97 CHOCOLATE AMARGO

A semente de cacau é rica em substâncias químicas que favorecem o bom humor e em antioxidantes que preservam a juventude.

VOCÊ SABIA QUE...

O nome científico do chocolate é *Theobroma*, que quer dizer "alimento dos deuses"? Na sociedade asteca, era considerado alimento superior, servido apenas para guerreiros, nobres e sacerdotes.

PRINCIPAIS NUTRIENTES ENCONTRADOS EM 100 G DE CHOCOLATE AMARGO, COM 70-85% DE CACAU

Nutriente	Quantidade
Calorias	598
Gordura total	42,63 g
Ácidos graxos ômega-9	12,652 mg
Proteína	7,79 g
Carboidrato	45,9 g
Fibra	10,9 g
Vitamina B_3	1,05 mg
Vitamina B_5	0,42 mg
Magnésio	228 mg
Potássio	716 mg
Fósforo	308 mg
Ferro	11,9 mg
Manganês	1,95 mg
Selênio	6,8 mcg
Zinco	3,31 mg
Cafeína	75,6 mg
Teobromina	448,8 mg

O chocolate é feito de uma semente altamente nutritiva, rica em substâncias rejuvenescedoras, como o potássio, magnésio, vitaminas B3 e B5, zinco e selênio. No entanto, seu enorme potencial é resultante do teor elevado de antioxidantes. A catequina presente no chocolate é 4 vezes maior do que no chá-verde e o dobro do que no vinho branco. Essa substância reduz o risco de ataques cardíacos e de câncer, prevenindo inflamações e ajudando a renovar os vasos sanguíneos, a pele e os ossos. O chocolate libera endorfinas, substâncias do "bom humor".

- Contém cafeína e teobromina, que dão energia e, quando consumido com moderação, ajuda a equilibrar o açúcar no sangue e a facilitar a perda de peso.
- Chocolate pode melhorar a qualidade de vida, fundamental na preservação da juventude. É tão apreciado quanto o sexo.
- Contém gorduras monoinsaturadas saudáveis, que mantêm o coração jovem e saudável.

Dicas práticas:

As propriedades benéficas do chocolate amargo apenas se aplicam aos de boa qualidade, já que o leite e o açúcar as anulam. Chocolate amargo com pelo menos 70% de cacau – acrescido de castanhas – aumenta os níveis de antioxidantes no organismo. Contudo, evite consumir à noite, pois o teor elevado de cafeína pode provocar insônia.

Molho mexicano

SERVE 6–10 (P) (F) (M) (C) (A)

9 pimentas vermelhas e verdes, deixadas de molho em água quente por 30 minutos e escorridas
1 cebola, fatiada
2-3 dentes de alho, espremidos
¾ de xícara de sementes de gergelim
⅓ de xícara de amêndoa torrada em lascas
1 colher de chá de coentro em pó
4 cravos-da-índia
½ colher de chá de pimenta-do--reino
2-3 colheres de sopa de azeite de oliva
1¼ de xícara de caldo de galinha ou de legumes com pouco sal
450 g de tomates maduros, sem a pele e picados
2 colheres de chá de canela em pó
⅓ de xícara de uvas-passas
1 xícara de sementes de abóbora
55 g de chocolate amargo, com 70% de cacau (no mínino), em pedaços
1 colher de sopa de vinagre de vinho tinto

Preparo

1 Coloque as pimentas, a cebola, o alho, as sementes de gergelim, as amêndoas, o coentro em pó, os cravos e a pimenta em um liquidificador e bata. Aqueça o azeite em uma panela, junte a pasta e cozinhe por 5 minutos. Adicione o caldo, os tomates, a canela, as passas e as sementes de abóbora. Deixe levantar fervura, diminua a chama e cozinhe em fogo brando por 15 minutos.

2 Acrescente o chocolate e o vinagre. Cozinhe em fogo brando por 5 minutos. Sirva como acompanhamento para pratos com aves.

98 ÓLEO DE COCO

Uma maneira segura de reduzir a exposição a radicais livres é utilizar óleo de coco.

Sempre que usamos óleo no preparo do alimentos, o calor danifica as moléculas de gordura e isso gera um efeito devastador no organismo. Os radicais livres gerados prejudicam os tecidos do corpo e favorecem o câncer, doenças cardíacas e osteoporose. O óleo de coco é a gordura saturada que menos sofre com a ação do calor, da luz e do oxigênio, podendo ser aquecido a até 190ºC. Graças a sua estabilidade, não perde as características. O óleo de coco contém 60% de triglicerídeos de cadeia média (TCM), gordura de origem vegetal, que aumenta o metabolismo e não é armazenada como gordura pelo corpo. Segundo estudos realizados, em países onde o leite materno é rico em TCMs, a população passa por um processo de envelhecimento de melhor qualidade.

- As gorduras do óleo de coco ajudam a alimentar a camada protetora do trato digestivo, facilitando a digestão e a eliminação de toxinas responsáveis pelo envelhecimento.
- Estudos demonstraram que estimula a função da tireoide, responsável pelo controle do metabolismo e do humor, assegurando o bem-estar e uma aparência esbelta e saudável.

Dicas práticas:
O óleo de coco não retém o sabor e quando aquecido adquire coloração bem clara; pode ser usado em várias receitas, mas faça um teste com uma pequena quantidade do prato. Use óleo de coco não refinado; evite também os hidrogenados e que contenham conservantes.

VOCÊ SABIA QUE...

Muitos países localizados nas ilhas do Pacífico usam óleo de coco como combustível para carros, caminhões, ônibus e geradores de energia e como lubrificantes de motores?

PRINCIPAIS NUTRIENTES ENCONTRADOS EM 1 COLHER DE SOPA DE ÓLEO DE COCO

Nutriente	Quantidade
Calorias	129
Gordura total	15 g
Ácido láurico	6,69 g
Ácido caprílico	1,125 g
Ácido mirístico	2,5 g
Ácidos graxos ômega-6	270 mg
Ácidos graxos ômega-9	870 mg
Proteína	0 g
Carboidrato	0 g
Fibra	0 g

Frango tailandês com curry verde

SERVE 4 (F) (D) (C) (A)

2 colheres de sopa de óleo de coco
2 colheres de sopa de curry verde tailandês em pasta
500 g de peito de frango, desossado e sem pele, cortado em cubos
2 folhas de lima kaffir, rasgadas
1 talo de erva-cidreira, bem picado
1 xícara de leite de coco
16 beringelas baby, cortadas ao meio
2 colheres de sopa de molho de peixe tailandês
Raminhos de manjericão tailandês e folhas de lima kaffir cortadas em tiras finas, para decorar

Preparo

1 Aqueça o óleo em uma frigideira wok ou em uma frigideira grande de fundo grosso. Adicione o curry em pasta e refogue rapidamente, até liberar o aroma.

2 Junte o frango, as folhas de lima kaffir e a erva-cidreira. Refogue por 3-4 minutos, até que o frango comece a dourar. Acrescente o leite de coco e as beringelas e cozinhe em fogo brando por 8-10 minutos ou até ficarem macias.

3 Adicione o molho de peixe e mexa. Decore com os raminhos de manjericão e as folhas de kaffir. Sirva quente.

* A lima kaffir é usada na culinária do Sudeste Asiático. O fruto não é comestível – tem apenas um pouco de suco muito azedo. A sua casca é usada em algumas receitas, mas o principal valor de uma lima kaffir está em suas folhas.

99

ÓLEO DE LINHAÇA

O óleo de linhaça apresenta um dos mais elevados teores de ácidos graxos ômega-3, de ação anti-inflamatória.

VOCÊ SABIA QUE...

O óleo de linhaça fica mais espesso quando exposto ao ar? Por isso, é misturado a tintas à óleo usadas para pintura em telas.

PRINCIPAIS NUTRIENTES ENCONTRADOS EM 1 COLHER DE SOPA DE ÓLEO DE LINHAÇA

Nutriente	Quantidade
Calorias	132
Gordura total	0,43 g
Gordura monoinsaturada	4,63 g
Ácidos graxos ômega-3	7,995 mg
Ácidos graxos ômega-6	1,905 mg
Ácidos graxos ômega-9	3,029 mg
Proteína	1,19 g
Carboidrato	11,58 g
Fibra	0,5 g
Vitamina C	0,05 mg
Vitamina B_1	0,05 mg
Vitamina B_2	0,04 mg
Vitamina B_3	0,64 mg
Vitamina B_5	0,21 mg
Vitamina B_6	0,06 mg
Folato	27,6 mcg
Cálcio	9,9 mg
Magnésio	24 mg
Potássio	69 mg
Ferro	0,74 mg
Manganês	0,9 mg
Selênio	2,7 mcg
Zinco	0,75 mg
Luteína/zeaxantina	31,5 mcg

Dietas mais modernas são mais ricas em ácidos graxos ômega-6 do que em ômega-3, desencadeando problemas de saúde como pele seca e falta de concentração, associadas à deficiência de ômega-3. A proporção de ácidos ômega no óleo de linhaça ajuda a manter o bom funcionamento do coração, articulações e cérebro. É rico em lignana, conhecida por suas propriedades anticancerígenas, antibacterianas, antivirais e antioxidantes. A lignana ajuda a regular os hormônios sexuais, prevenindo a tensão pré-menstrual, sintomas da menopausa, problemas de próstata e câncer sensível aos hormônios, como o de mama e de próstata. O teor de lignana da semente de linhaça é 10 vezes mais elevado do que em outras sementes, grãos ou legumes.

- Alimento rejuvenescedor importante que pode prover ômega-3 aos não consumidores de peixe oleoso.
- Tem ação curativa excelente para o trato digestivo, impedindo que substâncias nocivas penetrem na corrente sanguínea.
- Rico em ácido oleico (ácido graxo ômega-9), revitalizante para o coração, também presente no azeite de oliva.

Dicas práticas:

O óleo de linhaça sofre alterações quando exposto ao calor, luz e ar. Deve ser armazenado em recipiente escuro e não deve ser utilizado no preparo de alimentos de forno e fogão. Vai bem em temperos de saladas e em sucos e vitaminas, pois ajuda a liberar o açúcar mais lentamente pela corrente sanguínea.

Suco de cenoura e agrião

SERVE 4 (F)(D)(M)(C)(A)

2 xícaras de suco de cenoura sem açúcar
10 ramos de agrião, mais alguns raminhos para decorar
1 colher de sopa de suco de limão
1 colher de chá de óleo de linhaça prensado a frio

Preparo

1 Bata o suco de cenoura, o agrião, o suco de limão e o óleo de linhaça em um processador, até ficar homogêneo. Transfira para uma jarra, cubra com filme plástico e leve à geladeira por pelo menos 1 hora antes de servir, para gelar bem.

2 Divida entre copos, decore com os raminhos de agrião fresco e sirva.

100 AZEITE DE OLIVA

O azeite de oliva é a base da Dieta do Mediterrâneo. Vários estudos já comprovaram sua contribuição à longevidade.

As gorduras monoinsaturadas, as flavonas, a quercetina e os ácidos graxos ômega-9 (ácido oleico) presentes no azeite de oliva formam uma boa combinação de nutrientes protetores, benéficos para o coração. Uma substância específica do azeite de oliva, denominada hidroxitirosol, evita danos nas gorduras das artérias, o que detém a progressão de doenças cardíacas. A quercetina, um dos muitos polifenóis presentes no azeite de oliva, estimula as enzimas responsáveis por restaurar e ampliar o tempo de vida das células. Além disso, o azeite de oliva contém oleocantal, composto recentemente descoberto que atua como o ibuprofeno, substância ativa dos anti-inflamatórios e analgésicos.

- Facilita a absorção de nutrientes solúveis em gordura, como as vitaminas A e E, e os carotenoides, que mantêm a pele brilhante e com aparência jovem.
- Contém vitamina E e ácidos graxos ômega-6, que ajudam a manter a pele macia, lisa e sem manchas.

Dicas práticas:
Existem inúmeras maneiras de incluir o azeite de oliva na alimentação: no cozimento de alimentos, em saladas, em molhos e em patês. Azeites extravirgem prensados a frio e orgânicos preservam melhor o sabor e as propriedades benéficas. Submeta sempre a calor moderado, pois perde suas características quando submetido a temperaturas superiores a 160ºC.

VOCÊ SABIA QUE...

Cerca de 95% das 750 milhões de oliveiras espalhadas pelo mundo encontram-se no Mediterrâneo? Na Grécia, a cultura das oliveiras se estende por 60% de todo o território.

PRINCIPAIS NUTRIENTES ENCONTRADOS EM 1 COLHER DE SOPA DE AZEITE DE OLIVA

Nutriente	Quantidade
Calorias	132
Gordura total	15 g
Gordura monoinsaturada	4,62 g
Ácidos graxos ômega-6	1,464 mg
Ácidos graxos ômega-9	10,689 mg
Proteína	0 g
Carboidrato	0 g
Fibra	0 g
Vitamina E	2,15 mg

Batata-doce com azeite de oliva

SERVE 4 (P) (F) (C) (A)

500 g de batata-doce, sem a casca e cortada em cubos de 2,5 cm
¾ de xícara de caldo de legumes pronto com pouco sal
3 colheres de sopa de azeite de oliva extravirgem, prensado a frio
1 minicebola, picada
2 dentes de alho, bem picados
1 colher de chá de tomilho seco ou 2 colheres de chá de folhas de tomilho fresco
1 colher de chá de páprica doce.
1 colher de chá de sementes de coentro moídas ou esmagadas
Pimenta

Preparo

1 Coloque a batata em uma panela e adicione o caldo na quantidade suficiente para cobrir. Cozinhe em fogo baixo por 7 minutos ou até ficar macia, porém firme (não cozinhe demais).

2 Aqueça 1 colher de sopa de azeite em uma frigideira e refogue a minicebola, em fogo médio, por 3 minutos ou até ficar transparente. Junte o alho, o tomilho, a páprica e as sementes de coentro. Refogue por 1 minuto, sem parar de mexer.

3 Adicione a batata-doce e mexa por cerca de 2-3 minutos, até que comece a desmanchar. Acrescente o restante do azeite, um pouco de sal (se necessário) e bastante pimenta-do-reino. Mantenha no fogo por mais 1 minuto. Transfira para uma travessa e sirva.

GLOSSÁRIO

Ácido elágico Um polifenol antioxidante que fortalece a imunidade e melhora a capacidade de desintoxicação com efeito antienvelhecimento.

Ácido graxo essencial/gordura essencial/EFA (sigla em inglês) Gordura poli-insaturada essencial necessária ao organismo para manter a maciez da pele e a imunidade.

Ácido oleico Tipo de gordura monoinsaturada, também conhecido como ácido graxo Omega-9, encontrado em grandes quantidades no azeite de oliva.

Ácidos graxos monoinsaturados/ gorduras Gorduras sólidas quando refrigeradas e oleosas quando em temperatura ambiente, associadas a risco reduzido de doenças cardíacas.

Ácidos graxos ômega-3 Gorduras poli-insaturadas que ajudam a prevenir e reduzir inflamações e doenças, necessários para fortalecer a função cardíaca e a imunidade.

Ácidos graxos ômega-6 Gorduras poli-insaturadas que ajudam a prevenir e reduzir inflamações.

Ácidos graxos ômega-9 Ver ácido oleico.

Alergias Reações do sistema imunológico que desencadeiam inflamações causadas por envelhecimento e podem ser causadas por alimentos ou por fatores ambientais.

Aminoácidos Os 22 "tijolos" de proteína que mantêm saudáveis os ossos, pele e músculos. Oito deles são essenciais e sua única fonte são os alimentos.

Antioxidantes Substâncias que inibem os efeitos nocivos dos radicais livres, como toxinas e poluentes.

Betacaroteno Ver carotenoides – pigmento laranja.

Bioflavonoide/flavonoide Polifenóis que têm efeito positivo sobre o sistema imunológico, na defesa contra alergias, inflamações e micro-organismos.

Carboidrato A base de todos os alimentos de origem vegetal (legumes, frutas, grãos, feijões, castanhas e sementes). Eles se decompõem em açúcares, que funcionam como combustíveis para o corpo.

Carotenoides Pigmento químico oleoso responsável pela coloração amarela/vermelha/laranja de frutas e legumes. São antioxidantes que protegem as gorduras no organismo.

Catequina Um tipo de bioflavonoide a que se atribuem efeitos benéficos antienvelhecimento para o coração, pele e sistema imunológico.

Circulação O sistema pelo qual o coração bombeia o sangue para todo o corpo, distribuindo oxigênio e nutrientes para as células.

Colágeno Substância proteica constituinte de todas as células e

Colesterol "bom" HDL Lipoproteínas de alta densidade (HDL – sigla em inglês) responsáveis por levar o colesterol do coração para o fígado. Níveis de HDL mais altos do que o colesterol "ruim" LDL podem ajudar na proteção a doenças cardíacas.

Colesterol "ruim" LDL Lipoproteínas de baixa densidade (LDL – sigla em inglês), responsáveis por levar o colesterol do fígado para o coração. Se suas taxas forem superiores às do "bom" colesterol HDL, o risco de doenças cardíacas aumenta.

Colesterol Substância graxa essencial, proveniente de alimentos de origem animal, que usamos para produzir alguns hormônios, vitamina D e células novas. Colesterol em excesso é associado a doenças cardíacas.

Desintoxicação Processo que ocorre no fígado que destrói e elimina as toxinas nocivas e que provocam o envelhecimento.

Digestão Processo pelo qual decompomos, absorvemos e assimilamos os alimentos para transformá-los nos nutrientes necessários ao organismo.

Esteróis/esteróis vegetais/ fitoesteróis Compostos vegetais que ajudam a reduzir os níveis de colesterol "ruim" e fortalecem a imunidade.

Estrogênio Hormônio sexual feminino produzido pelos ovários. Níveis bem balanceados de estrogênio reduzem o risco de câncer hormônio-sensível. Níveis em declínio após a menopausa estão associados à osteoporose e à depressão.

Fibra insolúvel Fibra ou "farelo" formada pela celulose não digerível encontrada em alguns alimentos de origem vegetal. Apesar de não decomposta durante o processo digestivo, remove as toxinas e reduz a prisão de ventre, auxiliando na digestão e desintoxicação.

Fibra Solúvel Tipo de fibra que se decompõe para manter o bom funcionamento do sistema digestivo e atua como uma fibra "prebiótica", alimentando as bactéria benéficas do sistema digestivo.

Fitoestrogênio Estrogênio derivado de plantas que ajuda a manter o equilíbrio dos hormônios sexuais.

Fitonutriente Composto químico considerado benéfico para a saúde e antienvelhecimento, mas que difere das vitaminas e minerais.

Glucosinolatos Compostos à base de enxofre encontrados nas brassicáceas, como o repolho, que auxiliam na desintoxicação e no funcionamento do sistema imunológico.

Gorduras Substâncias que fornecem uma estrutura impermeável às células e à pele, mantendo-as jovens e elásticas. Fornecem energia ao cérebro e ao coração e precisam ser consumidas em quantidades apropriadas para garantir boa saúde e juventude.

Gordura poli-insaturada Tipo de gordura de atuação semelhante à dos óleos, permanece líquida mesmo quando refrigerada. Encontrada em óleos de alimentos de origem vegetal, tem alto teor de ácidos graxos ômega-6 e alguns ácidos graxos ômega-3.

Gorduras saturadas Gorduras que permanecem sólidas na temperatura ambiente, encontrada, principalmente, em alimentos de origem animal; necessárias em quantidades menores do que os ácidos graxos ômega/ poli-insaturados.

Homocisteína Substância que aparece naturalmente na corrente sanguínea; altos níveis de homocisteína estão associados a doenças cardíacas, perda óssea e demência.

Índice Glicêmico/IG Medida comparativa da velocidade com que os alimentos de origem vegetal decompõem seus carboidratos em açúcares e os liberam na corrente sanguínea; medidas mais baixas e mais lentas são melhores para o antienvelhecimento.

Indol-3-carbinol/indol Tipo de glucosinolato.

Inflamação Reação natural do sistema imunológico do organismo a tensões e doenças, que provoca irritação, dor e manchas vermelhas na pele.

Insulina Hormônio produzido pelo pâncreas responsável por levar os açúcares da corrente sanguínea para as células, para a produção de energia.

Intolerâncias Reações do sistema imunológico que desencadeiam inflamações relacionadas ao envelhecimento; são mais lentas do que as reações alérgicas e podem ser controladas.

Isotiocianatos Ver glucosinolatos.

Licopeno Ver Carotenoides – pigmento vermelho.

Lignanas Principal fitoestrogênio que ajuda a manter o equilíbrio dos hormônios sexuais masculino e feminino.

L-tirosina/tirosina Aminoácido necessário para a produção de energia, para as funções cerebrais e para o metabolismo.

Luteína Ver Carotenoides – pigmento amarelo.

Metabolismo Taxa da velocidade com que transformamos os alimentos em combustível para a produção de energia em todos os órgãos e células.

Metais tóxicos Minerais nocivos que ocorrem naturalmente, como o mercúrio, chumbo e cádmio, que danificam as células e provocam o envelhecimento.

Minerais Substâncias elementares naturais encontradas no solo que fazem parte da cadeia alimentar; minerais "essenciais", como magnésio e zinco, devem ser obtidos por meio dos alimentos.

ORAC Medida comparativa da Capacidade de Absorção do Radical Oxigênio (sigla em inglês), escala internacional que mede a força da ação antioxidante nos alimentos.

Pectina Tipo de fibra solúvel a que se atribui a capacidade de reduzir o colesterol "ruim" e remover as toxinas nocivas responsáveis pelo envelhecimento do organismo.

Polifenol Grupo de substâncias químicas vegetais que inclui os bioflavonoides, os polifenóis e o ácido elágico; seus efeitos sobre a imunidade e a circulação são essenciais para manter a juventude.

Prebióticos Tipos de fibras solúveis encontradas em alimentos de origem vegetal que mantêm bactérias benéficas no intestino.

Probióticos Bactéria digestiva "amigável", benéfica, que auxilia na digestão, imunidade e desintoxicação e ajuda a reduzir alergias, intolerâncias e inflamações.

Proteína Substância alimentícia, de origem animal mas também encontrada em alimentos de origem vegetal, que participa da formação de estruturas do organismo, como a pele, ossos, dentes, músculos e ligamentos.

Protoantocianidina Pigmento alimentar antioxidante poderoso, de coloração azul, vermelha ou roxa, que também fortalece a circulação.

Quercetina Bioflavonoide antioxidante que reduz inflamações e reações alérgicas.

Radicais livres Moléculas instáveis, derivadas da poluição, toxinas, luz solar, tensão e atividade elétrica, que, se não reprimidas/debeladas por antioxidantes alimentícios, podem danificar células e agilizar o envelhecimento.

Rutina Bioflavonoide antioxidante associado à quercetina, que reduz os fatores de risco para doenças cardíacas.

Saponinas Antioxidantes com efeito antibiótico natural que remove o colesterol do organismo e protege o trato digestivo.

Serotonina Substância química cerebral ou neurotransmissora que regula o humor, o sono, o apetite e o desejo sexual.

Sinigrina Tipo de glucosinolato.

Sistema Imunológico É responsável pela proteção a invasores, como bactérias e vírus.

Sulforafano Tipo de glucosinolato.

Triptofano Aminoácido que, ao produzir a substância neurotransmissora serotonina, ajuda a controlar o apetite e a reduzir a compulsão por açúcar.

Vitaminas Substâncias químicas fundamentais para as funções do organismo e, portanto, essenciais para a saúde e vitalidade; devem ser ingeridas diariamente por meio da alimentação.

Zeaxantina Ver carotenoides.

ÍNDICE

abacate 10-11
abacaxi 22, 31
abóbora 52-53, 135
  pão 209
  sementes 208-9, 213
acelga 84-85
ácidos graxos
  ômega-3 30, 106, 108, 110, 112, 190, 200, 206, 208, 216
  ômega-6 24, 108, 128, 130, 134, 142, 196, 208, 210, 216, 218
  ômega-9 200, 202, 218
agrião 58-59, 217
alcachofra 111
alcachofra de Jerusalém 62-63
alface 19, 23, 35, 90-91, 119
alho 46-47, 55, 67, 81
alho-poró 56, 60-61
ameixa 26-27
amêndoas 55, 93, 173, 193, 196-97, 213
anis-estrelado 169, 175
ansiedade 48, 84, 92, 106, 164
arroz 43, 126-127, 135, 173, 185
arroz pilaf com feijão-preto 127
artrite 12, 100, 128, 140, 170, 202
aspargo 11, 135
aveia 27, 193
aves 98-99, 102-5, 169
azeitona 24-25, 123

banana 12-13, 201
batata 45, 59, 71, 81, 86-87, 177
  batata-doce 63, 219
bebidas (drinks)
  ver também vitaminas; chá
  feijão-adzuki, coco e manga 147
  rabanete, pepino e maçã 70
  suco de cenoura e agrião 217
  suco de melancia 28
  suco de pepino 74
  suco energizante de alfafa 141
  vinho tinto 101, 105, 188-89
beterraba 203
blueberry 17, 117
bok choy 88-89
brócolis de florete roxo 66-67, 139
broto de alfafa 140-41

cabelo 7, 14, 36, 92, 98, 128, 130, 144-49
camomila 162-63
câncer
  cervical 90
  cólon 18, 144
  intestino 60, 144
  mama 18, 34, 54, 80, 96, 142, 152, 186, 216
  pulmonar 66, 88
  prevenção 22, 42, 54-61, 68, 78-81, 88, 142, 158-61, 170-73, 178, 182, 200, 204, 212
  próstata 16, 18, 54, 80, 152, 186, 216
canela 168-69, 185, 193, 213
cardamomo 184-85
carne 4, 96-107, 169, 177
castanha 198-99
cebolinha verde 11, 15, 23, 61, 83, 87, 107, 109, 113, 121, 131, 139, 153, 155, 158-59, 165, 171, 175
cenoura 49, 50-51, 65, 73, 103, 119, 139, 165, 175, 177, 207, 217
centeio 136-37
chá
  camomila 162-63
  canela e gengibre 168, 170
  cardamomo 184
  cravo-da-índia 174
  raiz de alcaçuz e gengibre 167
  verde 160-161
chocolate amargo 212-13
coco 204-5
  leite 73, 147, 149, 187, 204, 215
  óleo 73, 214-15
coentro 45, 75, 81, 123, 131, 145, 153, 164-65, 185, 187, 205, 213, 215
cogumelos
  maitake 76-77
  portobello, cremini ou paris 127
  shitake 68-69, 153, 155
colesterol
  castanhas/sementes 196-99, 202-7, 210
  ervas/especiarias 160-63, 166, 170-77, 184
  fruta 14, 18, 34
  grãos/feijões 128, 136, 140, 144, 152
  laticínios/ovos 114, 120
  legumes 46, 54, 60-63, 66, 70-73, 76, 82
controle de peso
  carnes/aves 102, 104, 106
  castanhas/sementes/óleos 196, 198, 212
  ervas/especiarias 160, 168, 182
  fruta 28
  grãos/leguminosas 134, 144
  laticínios 114
  legumes 48, 58, 68, 70, 76, 84, 90
  peixe 110
cordeiro 96-97
couve-de-bruxelas 54-55
couve-flor 80-81
cravo-da-índia 174-75, 185, 213
cúrcuma 172-73, 187
curry
  batata e espinafre 45
  cenoura e moranga 73
  especiarias 172, 174, 176
  frango tailandês 215
  lentilhas com espinafre 145
  peixe picante 187
cuscuz 15

damasco 129, 197
dentes/gengivas 74, 88, 92, 130, 136, 184
depressão 16, 84, 92, 106, 112, 120, 164, 184, 200
desintoxicação (D) 7
  carnes/aves 98, 100
  castanhas/sementes/óleos 206, 210, 214
  ervas/especiarias 158-61, 164, 172-75, 178-81, 186
  fruta 14-21, 26-35, 38
  grãos/feijões 126-39, 132, 136-41, 144, 148-51, 154
  legumes 44-47, 50, 54, 58-63, 66-69, 74-77, 80-85, 88, 92
  ovos 120
  peixe 110
diabetes 66, 76, 80, 114, 132-37, 164, 168-71, 202-5
doença de Alzheimer 36, 42, 96, 108, 112, 114, 172, 188

endívia 82-83
erva-doce, bulbo 78-79, 207
ervilha 91, 92, 107, 139, 173
especiarias 166-87
espelta 134-35
espinafre 44-45, 53, 103, 141, 145, 181
estresse
    carnes/aves 98, 102
    ervas/especiarias 162, 166, 168
    fruta 36, 38
    grãos/feijões 126-29, 136, 148, 152
    legumes 48, 78-89
    melaço 190
    peixe oleoso 112

fadiga 16, 96, 106, 120, 148, 166
faisão 104-5
fajitas de cogumelo 77
feijão
    adzuki 146-47, 150
    arroz pilaf de feijão-preto 127
    broto 150-51, 197
    mungo 147, 148-49, 150
ferro 16, 36, 44, 62, 100, 102, 120, 134, 144, 148, 152, 190
fertilidade 10, 72, 126, 148, 150
força e mobilidade (F) 7
    carnes/aves 96-107
    castanhas/sementes/óleos 196-203, 206-19
    ervas/especiarias 166, 170-77, 180, 186
    fruta 16, 30
    grãos/feijões 126-37, 140-45, 148-55
    laticínios/ovos 114-23
    legumes 44, 48, 52-61, 64, 72-79, 82-93
    peixe 108, 110, 112
framboesa 14-15, 17
frango 65, 98-99, 175, 215
frutos do mar 169

gengibre 45, 99, 145, 151,153, 167, 170-71, 174, 175, 191, 205
goulash 177
granola 193
grão-de-bico 63, 103, 173, 211
groselha vermelha e preta 36-37

homus 63, 103, 210, 211

intolerância ao trigo 132, 134

iogurte/coalhada fresca 13, 17, 19, 55, 65, 71, 85, 91, 97, 114-15, 135, 159, 179, 183, 193, 199, 201, 203

kefir 116-17
kiwi 30-31

lentilha 87, 144-45, 148

maçã 49, 65, 75, 141, 191, 193, 203, 207
manga 31, 147
maracujá 20-21
mel 33, 189, 192-93
melaço 190-91
melancia 28-29
melão 19
milho 61, 142-43, 153, 175
missô 154-55
mobilidade, ver força e mobilidade
molhos
    aïoli 47
    branco 53
    cebola com pimenta 57
    francês para saladas 83
    iogurte e ervas 97
    mexicano 213
    pimenta com coco 205
    tomate 79
    wasabi 181
moranga 72-73
morango 18-19, 21, 33
mostarda 183, 185, 186-87
muffin de aveia e ameixa 27

nêspera 161
nozes 43, 83, 119, 200-1
nozes-pecã 35, 202-3

óleo 195, 214-19
    azeite de oliva 47, 210, 211, 218-19
    coco 214-15
    linhaça 216-17
omelete 121
ovo 4, 47, 120-23
ovo de codorna 122-23

painço 128-29
pak choi/bok choy 88-89
pão
    abóbora 209
    banana e nozes 201
    centeio 137
    gengibre 191
    milho com pimentão vermelho 143
    trigo germinado 138
papaia/pawpaw 22-23
páprica 93, 176-77, 211, 219
patê 51, 109, 179
peixe
    anchova 110-11
    cavala 108-9
    pargo 79
    picante ao curry 187
    salada de rúcula, abacate e salmão defumado 11
    tamboril 85, 183
    truta 112-3
pele (P) 7
    adoçantes 190, 192
    carnes/aves 98-107
    castanhas/sementes/óleos 196-203, 206-13, 218
    ervas/especiarias 160-63, 172-77, 182-89
    fruta 10-21, 24, 28-39
    grãos/feijões 126-31, 134-37, 140-51, 154
    laticínios/ovos 114-19, 123
    legumes 42-47, 50-61, 64, 68, 72-75, 78-85, 90-93
    peixe 108, 110
pepino 19, 70, 71, 74-75, 115, 131, 159, 181
peru 102-3
pêssego 16-17, 21, 37, 83
pimenta-do-reino 53, 123, 169, 175, 182-83
pimenta vermelha em pó 187
pimenta vermelha e verde 39, 57, 67, 73, 81, 99, 107, 153, 205, 213
pimentão 42-43, 63, 77, 99, 103, 107, 113, 127, 143, 151, 159, 173
    páprica 176-77, 211, 219
pressão arterial
    grãos/feijões 130, 146
    legumes 46-53, 56, 62, 70, 74-79, 84-87
    raiz de alcaçuz 166
    semente de gergelim (tahini) 210
    vinho tinto 188
problemas respiratórios 30, 78, 116, 122, 128, 178

queijo 15, 51, 118-19, 133
quinua/quinoa 130-131

rabanete 70-71, 181

raiz de alcaçuz 166-67
raiz-forte 109, 178-79, 180
refogados 61, 67, 89, 99, 107, 153, 171
relish 39
repolho 23, 64-65, 189
retenção de líquido
  castanhas 204
  ervas/especiarias/adoçantes 184
  fruta 12, 28
  grãos/feijões 140
  legumes 48, 74, 78, 82
risoto, três grãos com abóbora e aspargo 135
romã 29
rúcula 11, 71, 107, 119
ruibarbo 32-33

saladas
  azeitonas com laranja e limão 25
  broto de feijão com damasco e amêndoas 197
  broto de feijão com gergelim 151
  coentro com cenoura e laranja 165
  daikon com molho wasabi 181
  endívias com pêssegos e nozes 83
  framboesa e queijo feta com cuscuz 15
  lentilhas com batatas tenras 87
  melancia e romã 29
  morango com melão 19
  ervas e especiarias 159
  beterraba com noz-pecã 203
  ovos de codorna com cobertura picante de sementes 123
  pão pita com salada de peru 103
  papaia 23
  queijo de cabra, pera e nozes 119
  rúcula, rabanete e batatinhas 71
  rúcula, abacate e salmão defumado 11
  sauerkraut com frango 65
  trigo germinado e legumes 139
  truta defumada 113
  uvas, salsão e noz-pecã 35
salsão 35, 43, 48-49, 127, 141, 159, 175, 199, 207
saúde digestiva (D) 7
  carnes/aves 98, 100
  castanhas/sementes/óleos 204-7, 210, 214-17
  ervas/especiarias 158-63, 166-81, 184-87
  fruta 12-19, 22-31, 38
  grãos/feijões 126, 29, 132, 136-41, 144-51, 154
  laticínios 114, 116, 120
  legumes 42-51, 54, 58-71, 78-85, 88-93
  mel 192
  peixe 108, 110
saúde do coração (C) 7
  adoçantes 190
  carnes/aves 96-101, 104-7
  castanhas/sementes/óleos 196-207, 210-19
  ervas 11, 121, 158-65
  ervas/especiarias 158-63, 166, 170-87
  fruta 10, 14-39
  grãos/feijões 126-29, 132-47, 152
  laticínios 114, 118-23
  legumes 42-63, 66-93
  peixe 108, 110, 112
  vinho tinto 188-89
saúde mental (M) 7
  adoçantes 190
  carnes/aves 96-103, 106
  castanhas/sementes/óleos 196-201, 206-13, 216
  ervas/especiarias 155-73, 182
  fruta 10, 14, 16, 24, 26
  grãos/feijões 128-31, 134-43, 146-49, 152-55
  legumes 44, 48 51, 60, 66, 72, 76-79, 80, 84-89, 92
  laticínios 114, 120, 122
  peixe 108, 110, 112
sauerkraut 64-65
semente
  abóbora 73, 208-9, 213
  broto/germinado 138-41
  cobertura picante 123
  gergelim 97, 123, 147, 149, 151, 181, 210-11, 213
  linhaça 206-7
  quinua/quinoa 130-131
  trigo sarraceno 132
sistema imunológico (I)
  antioxidantes 7
  carnes/aves 96, 98, 102, 106
  castanhas/sementes 196, 200-19
  ervas/especiarias 158-63, 166-75, 178-85
  fruta 10-39
  grãos/feijões 126-33, 140-47, 152-55
  laticínios 114, 116, 122
  legumes 42, 46, 50-55, 58-61, 64-81, 84-93
  mel 192
  óleos 213, 216, 218
  peixe 108, 112
  vinho tinto 188-89
soja, alho-poró com molho de 61
sono 44, 48, 84, 90, 92, 102, 152, 154, 162, 164, 200, 212
sopa
  agrião 59
  castanhas 199
  feijão-mungo 149
  frango com cravo e anis-estrelado 175
  missô 155
  salsão com cenoura e maçã 49
sushi de shitake fresco 69

tabule 131
tahini 210-11
tamarindo 38-39
tireoide 70, 104, 134, 214
tofu 109, 152-153
trigo germinado 138-39
trigo sarraceno 132-33
tzatziki 115

unhas 7, 30, 92, 98, 106, 128, 130, 144, 146, 148, 150
uva 21, 34-35, 197

vagem 92-93
vinho tinto 101, 105, 188-89
vitaminas e sucos
  abacate 10
  blueberry 117
  chá-verde com nêsperas 161
  framboesas 14
  groselha vermelha com pêssego 37
  kiwi 31
  leite de coco 204
  maçã e legumes 207
  maracujá 21
  óleo de linhaça 216, 217
  pepino 75
  tofu 152

wasabi 69, 180-81